JN216754

ダイバーシティ・マネジメント入門

● 経営戦略としての多様性

尾﨑俊哉 Toshiya Ozaki

Introduction
to Diversity
Management

ナカニシヤ出版

目　　次

ダイバーシティ・マネジメント
—— 経営者の関心の高まり ——

1 関心の高まり

わが国企業のなかで、「ダイバーシティ・マネジメント」が関心を集めだしてから、しばらくになる。組織における人材の多様性（ダイバーシティ）を実現しようというもので、具体的には女性や外国人をはじめとする、さまざまな人材の活用をめざすものである。

少し前までは、企業における「女性の活用」が話題になるのは、政府や自治体の男女共同参画関係者、企業の労務管理や福利厚生の担当者など、比較的限られた人たちであった。そこは、日常会話ではあまり聞きなれない、「男女共同参画」をはじめとする専門用語が飛び交う、やや特殊な世界でもあった。多くの場合、育児休暇の充実や企業内託児所の整備など、働く女性に「優しい」人事施策を整備することに関心が向いていた。そのためダイバーシティ・マネジメントは、女性社員を対象とした福利厚生施策か、企業の社会的責任（CSR）や新卒の採用活動、および広い意味での企業イメージ向上の広報活動と結びつけて考えられた時期が続いたのである。

それが昨今では、「ダイバーシティ・マネジメント」という言葉は、より日常的な話題にのぼるようになってきた。それにともない、人事担当者だけ

でなく、現場の一線から経営トップまで、組織の幅広い層で話題となってきている。なかでも興味深いのが、企業の舵を握る経営者たちみずからが、この話題に関心をもち、意見を発するようになってきた点である。そのさきがけともいえるのが、日立製作所である。同社が 2009 年 3 月期に約 7000 億円という巨額の赤字を計上し、大胆なリストラが待ったなしとなったときに、当時の川村隆社長が、競争力の再構築の一環として、ダイバーシティ・マネジメントを正面から取り上げた。これをふまえて、同社は 2009 年に専任の組織を本社内に立ち上げるとともに、日立グループ全体として「ダイバーシティ推進協議会」を設立した。

　同社の取り組みが、それまでのダイバーシティ・マネジメントと一線を画していたのは、女性に「優しい」という福利厚生や企業イメージのアップとしてではなく、組織における人材の多様性の実現を通して、新たな競争力を構築し、自社の将来を切り開くことにつながる戦略的な方針とした点である。それは、日本の企業にはみられなかった観点である。

　同社の取り組みは、日本企業の役員室の議論のなかにダイバーシティ・マネジメントが本格的に入ってきたことを示している。グローバル化が進み、変化のスピードが速くなり、企業を取り巻く競争環境の厳しさが増してきている。そのなかで、ダイバーシティ・マネジメントによって組織を活性化し、競争力を再構築することができるのではないか。このような競争戦略の 1 つとして、経営のトップ層を中心に、ダイバーシティ・マネジメントの推進の意義が検討されるようになってきたのである。

　しかし、ダイバーシティ・マネジメントを推進すれば、本当に自社の競争力を再構築できるのだろうか。多様な人材をそろえるだけで、厳しい競争を乗り切り、業績を上げることができるというのは、話ができすぎていないだろうか。企業の経営者でなくとも、そんなに単純なことで経営が上向くといわれても、にわかには信じられないものである。十人十色というように、人間は多様である。異なる考えをもつ人材をそろえると、たしかにこれまでにない知恵も出てくるかもしれない。しかし「烏合の衆」という言葉もあるように、単にさまざまな個性をもった人間が集まっただけでは、考えが拡散し、

意見も集約されず、組織が混乱し、かえって業績を悪くすることもあるのではないだろうか。

　経営には、たしかに時流に乗ることが必要な面もある。だからといって、組織のあり方や、人材の配置、キャリアの形成の根幹にかかわる問題を、単に時流に乗るだけで大きく変えていいものだろうか。まずは、なぜ、どのようにして、ダイバーシティ・マネジメントは企業の業績向上や競争力の再構築に結びつくのかについて、きちんとした納得のいく説明が必要であろう。なぜ最近になって、多くの企業でダイバーシティ・マネジメントが話題になってきたのか、その必然性も、問われなくてはならない。

　新聞や雑誌などをはじめ、ダイバーシティ・マネジメントについて多くの情報が飛び交うようになった。しかしこのような点について、理論をふまえて正面から議論したものは少ない。政治家も、経営者も、評論家も、それぞれの立場からの主張はおこなっているが、学問的な知見と結びついた議論が蓄積されてきているわけでもない。研究も、わかりやすく問題を整理し、全体を俯瞰し、これまで蓄積された研究成果をふまえて議論を展開したものは、意外にも少ない。

　ダイバーシティ・マネジメントを本格的に取り入れようとしている企業は、確実に増えている。新聞や雑誌の最近の論調も、そのような企業を、社会の先頭にたつ事例として前向きに評価して報道しているものも多い。優れた経営者には、勘がはたらき、みえない将来がみえているというのかもしれない。しかしこれは換言すると、それ以外の社員には、そのような将来が、同じようにはっきりとはみえていないことを示唆している。

　ある日突然、経営トップが、ダイバーシティ・マネジメントを新しい競争戦略の観点から推進しようと号令をかけても、ダイバーシティ・マネジメントと組織の活性化とのあいだに明らかな関係性を理解できなければ、その推進で特に重要な役割を担うはずの中間管理職を中心に戸惑いが広がるだろう。面従腹背が起こるかもしれない。実際、ある有力企業の経営者が、このような「抵抗勢力化」する中間管理職を、上から流れる水がいきわたらなくなる「粘土層」にたとえていたのを聞いた覚えがある。同じ世代に属するものと

して、筆者も身につまされる思いであった。トップがいつも正しいわけでもない。間違った方法でダイバーシティ・マネジメントを進めている可能性もある。せっかく正しい目的を掲げても、正しくない方法でその目的を遂げようとしたら、逆効果になるかもしれない。こうして数年たったら、結果があまりついてこないことが明らかになると、変な巻き戻しが起こらないとも限らない。

　本書は、ダイバーシティ・マネジメントが経営上の戦略的意義をどのように持っているかについて考える際に、思考の整理に資することをめざして書かれたものである。もともとは、経営学を学ぶ学生を対象に書きはじめたが、企業の第一線でこの問題と取り組む関係者にも役に立つものと考える。

　そもそもダイバーシティ・マネジメントとはなにか。いつ、どこではじまり、どのようにして発展してきたのか。なぜ最近、急に関心が広がったのか。どのようなダイバーシティ・マネジメントをどう進めると、業績が上がり、競争力を再構築できるのか。そこには、どのようなメカニズムがはたらいていて、それによって、ダイバーシティ・マネジメントがどのように業績の向上や競争力の再構築につながるといえるのか。ダイバーシティ・マネジメントは、良いことだらけなのだろうか。メリットを殺ぐような、マイナスの副作用はないのだろうか。もしもあるとしたら、どう克服すべきか。これらの問題について、主に経済学と経営学をふまえた考察をおこない、示唆を導くことにする。

2　関心の質的な変化

　それにしても、ここ数年の企業組織のダイバーシティへの関心の急速な高まりは、ただごとではない。この点を確認できるのが、新聞や雑誌の記事の本数の推移であろう。2005 年、『日本経済新聞』のデータベースで「ダイバーシティ・マネジメント」と検索すると、年間で 8 本の記事しか出てこなかった。それが 10 年後の 2015 年には、5 月最初の 1 週間だけで、100 本以上の記事が検索できた。企業の取り組みの事例や政府の支援策、そして女性社

員やその周囲の悲喜こもごもの苦労や対応などについての記事が、ここ最近、急速に増えている。変化がゆっくり進むようにみえる日本の企業でも、時代はたしかに大きく変わってきているようである。

ダイバーシティ・マネジメントをめぐっては、関心の高まりという「量的な変化」に加え、関心の中身という「質的な変化」も注目される。それまでは企業の人事・労務や広報の担当者や、「男女共同参画」にかかわる地方自治体や NGO の関係者などに限られた話題だった。それが、先にふれたように、最近になって、企業の舵をとる経営者の口から直接、ダイバーシティ・マネジメントが経営上の重要な課題の 1 つとして挙げられ、具体的に語られはじめている。ダイバーシティ・マネジメントをめぐる日本企業の「本気度」を示唆するものとして、この問題をめぐる関心の質的な変化がうかがわれるものである。

2009 年に、日立製作所が大胆なリストラと結びつけてダイバーシティ・マネジメントを本格的に導入しはじめたことは、すでにふれた。より最近では、たとえば『日本経済新聞』の 2015 年 2 月 20 日に、昭和電工の市川秀雄社長の次のようなインタビュー記事が出ている。それによれば、「国内マーケットがメーンだから、従業員は日本人だけでいいという考えは間違いで、日本人しか働いてこなかったから、国内マーケットが中心になってしまったとも言える。……結果と原因を取り違えてはいけません」と指摘し、「これまで我々が見てこなかった企業価値を生み、違う形の企業」にするために企業組織のダイバーシティを推進する戦略を展開するようになったことを述べている。

同じ『日本経済新聞』の 2014 年 11 月 13 日に掲載された、丸紅の朝田照男会長のインタビュー記事も興味深い。同社が「グローバルな競争時代を勝ち抜くことができる強固な企業体になる」ために、女性や外国人などの採用を通したダイバーシティの実現を進めているというのである。また、2015年 1 月 5 日の『プレジデント』誌は、損保ジャパン日本興亜の櫻田謙悟社長のインタビュー記事のタイトル自体を「なぜダイバーシティで企業は成長できるのか」として掲載している。そこでは櫻田氏が、「少子高齢化の時代に

あって、今後もさまざまな人材の活躍が企業経営には必要」と指摘し、女性や外国人、そして高齢者などの積極的な登用がこれからの企業経営で不可欠であるという。筆者が聞き取りをおこなった第一線の経営者の声のほとんども、これらと重複している。

3　潜在的な関心

このような経営トップ層の関心の深まりの次に起こることは、関心と理解を深めた経営者が、次の段階として、組織の具体的な変化をめざして、自社においてダイバーシティ・マネジメントを試みることであろう。その動きはすでに一部の企業ではじまっているが、これから数年のうちに広く社会的なインパクトをもつほどの流れになると予想される。その過程で、女性や外国人などダイバーシティ・マネジメントの直接の対象となる人材に加え、組織を実際に動かす中間管理職やその予備軍、あるいは同僚として仕事をする男性社員にも、プラスにもマイナスにも大きなインパクトを与えることになる。男性社員も当事者の一部なのだ。

それに加えて、潜在的に重要な動きがある。わが国で、これからの 10 年を展望すると、労働人口の減少に加えて、もう 1 つの大きな人口動態上の変化が待ち受けている。東京オリンピックを終えた 2021 年ごろから、団塊世代が 75 歳以上の後期高齢者の仲間入りをはじめる。わが国の人口に占める、後期高齢者グループが一挙に拡大するタイミングである。これは、企業の人口ピラミッドの観点からみると、40 代後半から 50 代前半にさしかかり、企業組織のなかで重要な職務を担っている団塊ジュニア世代（団塊世代の子供たち）が、かなりの割合で親の介護のために時間をとられはじめる可能性のあることを意味する。

これまでのダイバーシティ・マネジメントでは、女性の活躍ばかりに目がいっていた。そこでは、女性の育児と仕事の両立が 1 つの重要なテーマであった。これは、子育てを妻の役割とし、夫が長時間労働をするというかつての役割分担が、21 世紀に入って持続可能ではなくなってきていることを意

味する。かつて妻が子育てを一手に引き受けたからといって、妻だけが親の介護を担うというのは難しいだろう。加えて団塊ジュニア世代は、それ以前の世代よりもはるかに、子育てや家事をめぐり夫の参加率が高かった。したがって、かなりの割合で、働き盛りの男性が親の介護に参加しはじめることが予想される。わが国の企業に残る、伝統的な長時間労働の働き方が持続可能ではなくなる可能性のほうが高い。

　このような社会的な変化は、長時間労働を前提とした仕事の仕方をめぐって、組織的かつ長期的な対応が求められようとしているということでもある。別の言い方をすれば、男性はフルタイムで仕事をし、女性は専業主婦としてフルタイムで子育てを担うという、戦後の日本で形成されたサラリーマン世代の前提が、人口動態の観点からも変化するであろうということである。それに対して、企業は対応の準備をはじめなくてはならない。男女の別なく同じ土俵の上でワークライフ・バランスのあり方や仕事のやり方、人材の采配と組織のあり方を議論する必要が出てきたのである。

4　個人的なかかわり

　ここで少し脱線して、このような企業経営者のダイバーシティ・マネジメントへの関心の高まりや、その中身の質的な変化に、筆者が興味をもつことになったきっかけについてふれておきたい。思い返してみると、国際経営を専門分野とする筆者が、ある意味でお門違いにもみえるダイバーシティ・マネジメントに関心をもちはじめたのには、2つのきっかけがあったと思う。1つは専門分野の研究で、もう1つは大学での教育である。

　ダイバーシティ・マネジメントが国際経営の研究に関係しているというと、いぶかしく思われるかもしれない。しかし、この2つの間には深い関係がある。日本企業は、この四半世紀の間に着実に海外展開を進めてきた。その牽引役である製造業をとると、1990年に従業員の海外の比率が約10％で生産の海外比率が約6％という水準が、2010年にはそれぞれおよそ28％と16％と2.5倍以上に増えている（内閣府、2012）。

他方で、海外子会社の経営の現地化は遅々として進んでいない。労働政策研究・研修機構が2005年に実施した日系企業の海外事業の経営をめぐる調査によると、約8割の企業で、経営を担う取締役が日本から派遣されており、その割合は長く変化していなかったことが明らかになった（労働政策研究・研修機構、2006）。経営の現地化を進めてきた欧米の多国籍企業と、際立った対照を示している。

　海外であっても日本の企業なのだから、日本人が経営するのは当然のように思われるかもしれない。しかし国際経営では、法律や規範、言葉や文化などの違いから、自国と同じような経営をやってうまくいくことのほうが稀である。商品についての顧客の好みや期待にはじまって、仕入先や納入先との取引慣行や社員の労務管理に至るまで、自国と現地の進出先で大きな違いが出てくる。親会社から派遣されて現地の経営にあたる日本人社員は、たしかに親会社とのコミュニケーションをとることはうまくできるだろう。しかしそれと同じ程度に現地の社員や顧客、取引先とのコミュニケーションをとるのは、言葉や文化の壁が高く、至難の業である。

　問題は、日本人を現地法人のトップとして派遣したときの話にとどまらない。最近では、欧米の先進的な多国籍企業のなかで、海外事業をこれまでのような自己完結型の現地法人の組織体制から転換するところもあらわれはじめた。ちょうど、たくさんの子会社をつくり、それぞれに社長以下の役職をフルラインで備えると意思決定の重複や資源の無駄が生まれるように、海外現地法人にも、社長以下の役職を置き本国と同様の組織をつくって事業を管理すること自体が、意思決定の重複や資源の無駄につながっているとみなされることが増えてきたからである。

　たとえばヨーロッパや東南アジアなど比較的小さな国が陸続きで隣接しているような場合、購買部門を各国ごとに置くよりも、複数の国をまたぐ地域単位で行えば、事務処理やそれにともなう人材の重複を減らせる。さらには規模の経済も使えて、コストを大きく削減できる。同様に情報システム部門も、各国ごとに置く必要は少ない。また、現地法人の担当部門が、現地法人の社長を経由して本社と情報の伝達をおこなったり意思決定をおこなったり

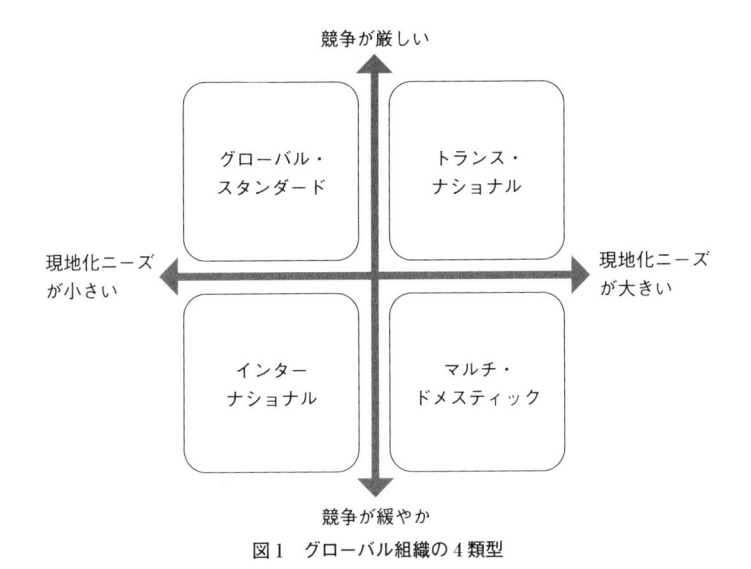

図1 グローバル組織の4類型

するのに代えて、現地法人の担当部門長が、グローバルな事業部門の責任者に直接、業務報告をおこなうということも増えている。そうやって、組織のなかにあった国の壁を取り払い、無駄をなくし、グローバルに仕事を配置し、人材の最適化を図ろうというものである。これが、経営の現地化のさらに先を行く経営のグローバル化である。

　このような経営の現地化や権限の現地への移譲、そしてグローバルな次元での仕事と人材の適材適所とどう向き合うかという問題は、国際経営の研究で古くから取り上げられてきた。アメリカの多国籍企業の経営を研究していたペンシルバニア大学のパールミュッターは1969年に「EPGモデル」を提唱し、本社に権限が集約される本国指向（Ethnocentrism）、現地に権限を委譲する現地指向（Polycentrism）、世界的な最適化を目指すグローバル指向（Geocentrism）の3つに分類されること、そのそれぞれにメリットとデメリットがあることを明らかにした（Perlmutter, 1969）。それから20年後に、ハーバード大学のバートレットとINSEAD（欧州経営大学院）のゴシャール（Bartlette and Ghoshal）は、この3つの類型をより精緻に発展させるとともに、世界的な最適化には、現地化ニーズが少ないグローバル・スタンダード

（Global Standard）と、高い現地化ニーズへの対応をグローバル化した組織で行うトランスナショナル（Trans-national）に分け、あわせて4つの類型を提唱した（Bartlette and Ghoshal, 1989）（図1を参照）。

　これらの類型は、これからますますグローバル競争が厳しくなるなか、国や地域によって異なる顧客のニーズに、限られた経営資源をグローバルに最適化して応える経営の必要性を示唆したのである。90年代以降、グローバル競争は激しくなり、そのなかでアメリカを中心にバートレットとゴシャールの提起したグローバル・スタンダード、あるいはトランスナショナルな経営を、実際に試行錯誤しながら、実行する企業が増えていった。組織のマトリックス化や、コアでない部門のアウトソーシングなどは、この時代に競争力の再構築をおこなう過程で生まれた、経営上のイノベーションである。

　わが国の企業においても、国際化の進んだ多国籍企業では、地域統括本部やマトリックス組織を立ち上げ、組織図のうえからはグローバルやトランスナショナルな経営形態をとるようになってきた。しかし実際のオペレーションでは、組織内で国境の垣根を低くし、グローバルな仕事の最適化と人材の適材適所を実現するグローバル・スタンダードやトランスナショナルな経営をおこなっているのは、ごく限られた日系企業にしかみられない。現実には、相変わらず多くの企業で、現地法人の経営トップに日本から社員を送り込んでいる。経営トップを現地の人材にまかせるようになった企業でも、目付け役として、財務を含む重要なポジションに引き続き日本からの人材を送り込んでいる。国籍に関係なく人材をグローバルに最適配置することはおろか、経営の現地化も、国境を越えた組織の最適化も、いまだに遅々として進んでおらず、日系企業に採用された人材にとって、厚い「ガラスの天井」がある。

　経営がうまくいっているのであればそれでもいいではないか、という声もある。しかし海外のライバル企業が、グローバルな次元で仕事の流れを最適化し人材を適材適所で活用しているのに、日本企業が同様のことをやっていないということは、欧米の多国籍企業に比べてより多くの人材を投入しているということである。これは組織全体の効率という点からみると、世界各地で重複する仕事をおこなっているということであり、生産性と競争力が海外

のライバルに対して劣っているということでもある。

　筆者らのおこなった実証研究でも、ホワイトカラーの仕事の集積であるサービス業で、2000 年代の日本企業がどのように国際的な経営を進めているのかについての分析から、海外展開を進めより複雑な組織形態が必要になってきたところで海外事業の業績がピークアウトしてしまうという実態が明らかになった（Endo and Ozaki, 2011）。海外進出しても、最初のうちはなんとかやっているが、持続的な発展のためには現地に根づいて一段の成長をしなくてはならないという頃になって、それまでのように収益を上げられないか、悪い場合には利益率が下がりはじめる。別の言い方をすれば、国際展開を本格化すればするほど、欧米の多国籍企業にくらべ、利益率を中心に業績で見劣りがしはじめる。

　この背景に、現地の人材を上手に使えていないことが大きな要因の１つとして浮上してきている。ざっくりいえば、新卒採用の日本人男性以外を経営の中枢を担う人材のなかに積極的に取り込んでこなかった伝統的な日本企業は、ダイバーシティ・マネジメントとは対極の純血主義で経営を進めてきたといえる。語学や異文化マネジメントを含め、外国人を上手に使うチャンスが組織のなかにあまりないなかで、一部の例外的な人材に現地法人の経営をまかせることで国際化を進めてきた企業が多い。今後、さらに一段の経営の国際化を進めるためには、これまでのような「点」のグローバル化ではなく、本社を含めた組織全体という「面」のグローバル化が必要であり、そのためにもダイバーシティ・マネジメントが焦眉の急だということが、研究から明らかになってきた。わが国の企業の国際経営を研究するうえで、これらの企業がどうダイバーシティ・マネジメントに向き合っているかということは、きわめて大きな関心事なのである。

　ダイバーシティ・マネジメントと筆者をつなぐもう１つのかかわりは、教育を通してである。筆者の勤める立教大学経営学部は、経済学部や社会学部で経営を学ぶ学科を母体に改組して、2006 年に開設された。一般に経営学部は、法学部や経済学部と並んで男子学生の比率が高い。しかし本学の経営学部は、開設当初より優秀な女子学生がたくさん入学してくれている。学生

数に占める女子の比率は50%に迫るほどであり、筆者の所属する国際経営学科に至っては半数以上が女子学生である。あまり大きな声ではいえないのだが、女子学生のほうが男子学生よりもよく勉強し、成績も良いという傾向がある。その多くが英語もマスターし、リーダーシップ能力も開発し、留学経験も積む。そして4年生の就職活動の時期になり、「さて、自分はどのような会社で、どんな活躍ができるだろう」というところで現実と直面し、悩みはじめることになる。

　経営学の一部としてダイバーシティ・マネジメントを教えることや、学生のキャリア教育の観点からもダイバーシティ・マネジメントを教えることが重要だということから、2007年度に筆者はダイバーシティ・マネジメントをめぐる実践的な科目を立ち上げることになった。最初の3年間は、日本アイ・ビー・エムではじめての女性役員となり、政府の男女共同参画会議のメンバーを務め、女性の活躍推進を支援するNPO法人J-WINを立ち上げられた内永ゆか子氏を客員教授として迎え、学部で労働経済学を担当されておられた井上詔三教授（現・茨木キリスト教大学名誉教授）にアドバイザーをお願いして実施した。その後も紆余曲折を重ねながら、今日に至っている。

　授業では、大きく2つの目的を掲げている。1つが、ダイバーシティ・マネジメントを担当している企業の幹部や、そのなかで実際にキャリアを展開している第一線の企業人を教室に招き、お話を伺うというものである。そこから、日本企業が取り組みはじめたダイバーシティ・マネジメントの現状を知り、経営学の観点から、その意義を考える。もう1つは、大学のキャリア教育の観点から、そのような第一線の企業人の生の声にふれた学生たちに、自分たちのこれからのキャリアの方向や可能性について考えてもらうというものである。日本の代表的な企業におけるダイバーシティ・マネジメントの現状と課題に焦点をあて、女性の登用に加え、外国人、障がい者、LGBT、ワークライフ・バランス、管理職や周囲の男性社員の対応、経営戦略など、多面的なテーマを取り上げてきた。

　経営学の研究の対象は、組織で実際に起こっていることである。授業のなかで企業人より提供された具体的なエピソードは、学生にとっても大いに学

びの機会となったに違いないが、筆者にとっても、刺激的な生の一次情報であった。わが国でダイバーシティ・マネジメントの取り組みが先進的とみなされている企業においてすら、多くの課題に直面して苦労をされておられること、先進的企業に共通するのは、トップレベルの経営層がダイバーシティ・マネジメントに高い優先度を置き、その実施をめざしていること、トップが旗を振ってもダイバーシティ・マネジメントがすぐに十分に組織に浸透できるわけではないこと、などについて身近にふれ、理解することができた。それとともに、グローバル化のなかで国際化を進める日本企業が直面する人材の采配と活用をめぐる問題と、国内において女性の采配と活用をめぐる問題とに共通する課題があることや、経営者と中間管理職や男性社員と女性社員など、組織のあちらこちらに、この問題に対する考え方のギャップがあることもわかってきた。そのなかでとくに興味深かったのが、経営者のダイバーシティ・マネジメントへの認識のここ数年の質的な変化である。

5　関心の背景

　さて、ダイバーシティ・マネジメントへの関心が、近年、急速に高まってきていることは、すでに述べた。また、そのような関心の高まりが、とくに企業経営者のなかで進んでいることも指摘した。このような経営者の関心からは、2つのポイントがみえてくるようだ。1つは、自分が率いている組織のなかに占める外国人や女性、あるいはこれまでのような処遇の仕方では仕事をしてくれない若者の比重が増え、組織の構成が現実に多様化してきていることへの認識である。日本を代表する多国籍企業は、売り上げ全体の半分以上を海外で上げており、それを支える外国人社員を本社の役員に登用することが課題となっている。海外売上比率が2割や3割を越え、さらにこれから大きくなっていくことを見込む多くの企業でも、それにともなって組織のなかで外国人の比重も2割や3割を越え、さらに大きくなっていくだろう。外国人を活用することは自社のグローバル化を進めるうえで必須なのである。
　グローバル化をそれほど進める必要のない企業でも、確実に迫ってきてい

る国内の少子高齢化のもと、これまでの延長線でこれからの働き手を確保することは難しくなる。そこで女性の活用が現実的な選択肢となる。そうであれば、女性を組織の中核的な人材として育てていく覚悟が必要となる。また新卒入社の3割以上が大学卒業3年以内に離職するなど、男性社員の仕事やキャリアへの考え方もかつてとは大きく様変わりしてきている。若い社員の活用では、女性や外国人の活用と似た苦労がある。このように多くの日本企業で組織の人材の多様化が否応なく進み、ダイバーシティ・マネジメントに正面から取り組まなくてはならなくなってきている。

もう1つのポイントは、これまでのような組織のあり方では、激しくなる一方の競争を乗り切り、これからの時代の変化についていくことはできないだろうという経営者の勘、あるいは確信である。経営の現状に満足しない、ということだけではない。今までと同じような商品やサービスを同じような価格で提供しても、顧客はこれまでと同じように満足して買ってくれないだろうという話もある。商品への顧客の好みの変化による「はやり、すたり」だけでなく、中国やベトナムなど海外で安くつくったり仕入れたりするライバルや、業務の一部を他社にうまくアウトソースしてコストを下げたりするライバルもあらわれている。さらに、これから国内市場が少子化で縮小していくだろう。このように市場での競争が激しくなり、自社をめぐる経営環境が難しさを増してきているなかで、イノベーションを起こし、新しい価値を生みだし、競争力をつけるために、投資をおこなうだけでなく、仕事のやり方や組織のあり方も見直す必要がある。その1つが、組織におけるダイバーシティの活用だというわけである。

このような企業経営者の関心の高まりをさらに促しているのが、2013年にはじまった「アベノミクス」であろう。90年代はじめのバブル崩壊から続く「失われた20年」からの脱却をめざした総合的な経済政策で、大胆な金融政策により、デフレからインフレへの転換をめざすのが「第1の矢」で、機動的な財政政策により、需給ギャップの解消と成長に必要なインフラの整備をめざすのが「第2の矢」とされた。これらとともに、民間活力を引きだし、持続的な成長を促す「第3の矢」の1つとして、女性の社会進出の支援を掲

げている。成長戦略のなかに「女性が輝く日本」が含まれ、女性の活躍が日本経済の活性化の鍵の1つと位置づけられているのである[(1)]。

　この方針のもと、政府は2015年2月に「女性の職業生活における活躍の推進に関する法律案」を提出し、同8月にこれが成立した。職業生活と家庭生活との両立を図るために必要な環境の整備とその両立に関し、本人の意思が尊重されることを企業に求めるとともに、女性に対する採用、昇進などの機会の積極的な提供、およびその活用が具体的に実現することを企業に求めている。そのため、具体的な数値目標を含む女性活躍の「事業主行動計画」を策定し、公表することを規定している。家庭と仕事の両立を支援するための環境整備を行うとともに、企業が女性の採用や昇進の機会を積極的に与えることを求めるものである。このような追い風もあって、最近、女性の活用やダイバーシティ・マネジメントを口にする企業経営者が増えてきた。

　「失われた20年」からの脱却のための施策の1つとして、女性の活躍が注目されるというのは、あらためて考えてみると、次の3点で興味深い話である。第1に、この施策の出発点として、これまで女性がわが国の企業ではあまり活躍できていなかったということを認めていることである。次に、女性の活躍がわが国の経済の活性化につながると示唆している。そして最後に、企業が積極的に女性を活用するために、法律を作ってまで、企業による努力を促そうとしている。

　現状認識については、多くを費やすまでもないだろう。たしかに、日本企業は女性を積極的に活用してこなかった。世の中の半分は女性だが、女性の就業率は全女性の半分にも満たない。責任ある仕事に就く女性は、さらに少ない。内閣府が行った2013年の調査によると、大企業の管理職に占める女性の割合は、上場企業1000余社の平均が約5％であった（日経新聞、2014年3月1日）。同じ内閣府の調査によると、2011年の上場企業の女性役員比率は1.2％だったという（内閣府、2011）。

　もちろんこの傾向は、わが国に限ったことではない。多くの国で最近まで、

社会のマジョリティを占める男性グループが企業経営を担い、たとえば女性や少数派民族などそれ以外の人材が活躍してこなかった事実がある。しかし欧米では、次章で紹介するように、ここ半世紀の間に女性の活用が着実に進んできた。それに対し、日本企業はかなり遅れをとっているようである。たとえば世界経済フォーラムが各種のデータをもとにまとめている『グローバル・ジェンダーギャップ・レポート 2014 年』によると、日本は 142 か国中 104 位で先進国のなかでは最下位であった[2]。

そうだとしても、日本経済の停滞の一因として、女性が活躍していないことがあるというのは、本当だろうか。これが第 2 のポイントである。わが国の経済状況は、長期にわたってはかばかしくない。90 年代初頭にバブル経済が崩壊してから、物価がずるずると下がるデフレと、経済成長が年 1 ％程度の低成長のいわゆる「失われた 20 年」が続いてきた。しかし思い出してみると、それ以前のわが国経済は、いまの中国をも上回る目覚ましい経済成長を続けていた。終戦からわずか三十余年で、戦後の混乱の状態から世界第 2 位の経済大国にまで成長し、世界の注目を集めた。ハーバード大学のボーゲルの「ジャパン・アズ・ナンバーワン」が出版されたのは 1979 年のことである（Vogel, 1979）。当然のことながら、当時の日本企業における女性の登用が、現在の状況以上に不十分だったにもかかわらず、これだけの経済成長を実現していたわけである。はたして女性の登用とわが国の成長との間に、どのような関連があるのだろうか。この点については、きちんと理解をしておく必要があろう。

もう 1 つの問題は、仮に企業における女性の活躍が日本経済全体にとって好ましいことだったとして、個々の企業にとっても同じように好ましいのか、という点である。アメリカの自動車会社 GM の C・E・ウィルソン会長は、かつてアメリカ議会で「アメリカにとってよいことは GM にとっても良いことであり、その逆もまた真なり」と語って有名になった（American Heritage New Dictionary of Cultural Literacy, 3rd edition, 2005）。しかし、企業の利益

---

[2] http://reports.weforum.org/global-gender-gap-report-2014/

と、国や社会全体の利益は、いつも一致するわけではない。仮に日本経済に
とって好ましいことだとしても、それをもって個々の企業にも好ましいこと
だとは自動的にはいえない。

　もしも実際に、女性の活用が日本経済にとって好ましいことでも、個々の
企業にとっても好ましいことでなければ、いくら法律をつくって企業の女性
活用を促しても、企業は面従腹背をするだろう。「笛吹けど踊らず」となる
可能性が大きい。では、女性の登用は個々の企業にとっても好ましいことな
のだろうか。しかし、本当にそうであれば、なぜわが国ではこれまで女性の
登用があまり進んでいないのだろうか。個々の企業にとって、実際にどのよ
うなメリットがあるというのか。

6　本書の目的と構成

　本書は、このような日本の企業経営や日本経済のこれからを考えるうえで
重要なテーマでありながら、意外にも正面からの分析と考察があまり進んで
いないダイバーシティ・マネジメントの競争戦略上の意義や国民経済との関
連を中心に、おもに経済学と経営学をふまえた考察をおこなう。日本の企業
組織における人材の多様性の問題は、女性と外国人に集約できる。そこで主
に女性の活用を中心に、次のような問題を取り上げる。個々の企業や日本経
済全体にとって、これまで女性の登用があまり進んでいなかった背景にどの
ような理由があるのか。今後、女性や外国人の登用を進めると、どのような
メリットがあるのか。その結果、企業の業績は上がり、競争力を再構築でき
るのか。それで日本経済全体の浮揚につながるのか。

　ミクロ経済学やその応用としての労働経済学をふまえたうえで、近年目覚
ましい研究が展開されてきた組織の経済学や制度の経済学を組み合わせて考
察をおこなう。これらと密接な関係をもって発展してきた経営学からも考察
を加える。いずれも、事前にミクロ経済学や組織の経済学についての詳しい
理解が必要な、数式を使った高度で詳細なものではなく、常識を使えば理解
できるものばかりである。

結論からいえば、ダイバーシティ・マネジメントには異なる3つの分野が
あり、それぞれ別個に考える必要がある。第1のダイバーシティ・マネジメ
ントは、同じ能力をもった人材を区別（差別）なく活用することをめぐるも
のである。たとえば、男性も女性も分け隔てなく存分に仕事をしてもらうこ
とが、これにあたる。それによって、労働生産性を向上することができる。

　第2のダイバーシティ・マネジメントは、多様な能力をもった人材を、そ
の能力の違いを認め、それを活かして適材適所で使いこなすことである。こ
れにより、本来、組織としてもてる能力をフルに活用すれば生産できていた
はずの水準にまで成長することができる。

　第3のダイバーシティ・マネジメントは、多様な能力をもった人材から、
ある種の「化学反応」を引き起こすことである。たとえば、昔からの決まり
きった流れで仕事をやるのではなく、部門を超えた社員、顧客や取引先など、
多様な関係者を交えて事前のブレインストーミングをおこなったり、事後の
反省会をおこなったりすることで、漸進的なイノベーションを積み重ねたり、
ときにはまったく新たなブレーク・スルーを生みだしたりするのが、その一
例である。多様な人材を采配することでイノベーションを起こし、組織とし
ての可能性を広げ、新たな成長を実現できる。

　女性や外国人など、多様な人材が組織で存分にその能力を発揮できること
で、個々の企業もその業績を伸ばせる。多様な人材が適材適所で登用される
ことで労働市場の効率性の改善と労働生産性の向上が見込まれるだけでなく、
イノベーションを通した競争力の再構築もともなうことで、企業業績の向上
が経済全体で集積され、わが国の経済の新たな成長に貢献しうる可能性があ
る。これらの点で、ダイバーシティ・マネジメントは日本経済全体にとって
も好ましい。

　ただし、単に女性や外国人を登用すれば、どの企業も急に業績を伸ばせる
というような単純な話でもないことも明らかにする。女性をはじめとした、
これまでにない多様な人材の活用を「ダイバーシティ・マネジメント」と呼
ぶが、この言葉が示すように、適切な「マネジメント」、すなわち「経営者
による采配」を通してはじめて実現できるのである。ダイバーシティ・マネ

ジメントは、多様な人材を使いこなす経営の稚拙を白日のものとするリトマス試験紙でもあるのだ。とはいえ、それはそれほど難しいものでもないことも明らかにする。

　本書の構成は次のとおりである。第2章と第3章では、女性の活用を中心に、ダイバーシティ・マネジメントをめぐる簡単な歴史を概観し、現状の把握をおこなう。そこから、ダイバーシティ・マネジメントには3つのまったく異なる課題があることが明らかにされる。そのあとに、経済学と経営学の考察をふまえて、個別のテーマごとにダイバーシティ・マネジメントと企業の業績との関係を明らかにする。第4章では、企業の業績はどのようにすれば上がるのか、人材の登用と企業の業績との関係はどうなっているのか、という基本的な問題について確認する。

　これらを踏まえ、現状認識で明らかにされた、ダイバーシティ・マネジメントの3つの側面のそれぞれについて、おもに経済学の理論を使って考察し、ダイバーシティ・マネジメントと企業の業績との関係を明らかにする。第5章と第6章では、第1のダイバーシティ・マネジメント、すなわち同じ能力をもった人材を区別（差別）なく活用することについて考察する。経済学でいう「同一財」の前提のもとでの差別的選好と統計的差別という、労働経済学をふまえた伝統的な問題である。

　第7章では、多様な能力をもった人材を、その能力の違いを認め、それを活かして適材適所で使いこなす、第2のダイバーシティ・マネジメントについて考える。経済学の「多数財」の前提のもとでの「静的な成長」をめぐるものである。続く第8章では、多様な能力をもった人材からある種の「化学反応」を引き起こし、イノベーションを起こして競争力を構築する、第3のダイバーシティ・マネジメントについて考察する。経済学の「多数財」の前提のもとでの「動的な成長」をめぐるものである。そのあとに、そのようなダイバーシティ・マネジメントを実際におこなうために必要な、組織の能力について考え、本書のまとめとする。

2

歴史と現状、ダイバーシティ・マネジメントのルーツ（1）
──差別、異文化マネジメント──

・ダイバーシティ・マネジメントは3つの異なる分野にルーツをもつ。
　　1．組織のなかでの差別の解消と人権の確立。
　　2．企業の国際化のなかでの異文化経営。
　　3．競争力の再構築。
・競争力の再構築へのダイバーシティ・マネジメントの貢献は、次の3つの
　アプローチを通して進んできた。
　　1．差別の解消により、同一の能力をもつ人材のあいだにあった人件費
　　　　の差を解消（同一労働、同一賃金）し、賃金の抑制と生産性の向上
　　　　を実現。
　　2．多様な能力をもつ人材を適材適所で配置することによる、組織の効
　　　　率性の向上と「静的な成長」の実現。
　　3．多様な能力をもつ人材を取り込んだ知識経営のもとでのイノベーシ
　　　　ョンと、それによる「動的な成長」の実現。
・人権と異文化マネジメントをめぐるダイバーシティ・マネジメントは、ア
　メリカ企業が先行し、それを欧州、日本が追って展開した。
・その初期において、多様性は企業にとって負担とみなされ、ダイバーシテ
　ィ・マネジメントはコストやリスクの管理というマイナス要素としてとら
　えられることが多かった。

1　3つのルーツ

　ダイバーシティ・マネジメントとは、組織における多様（ダイバーシテ
ィ）な人材を適材適所で活用することである。人材の適材適所は、もっとも
重要な組織マネジメントの1つである。それがあらためて取り上げられるよ

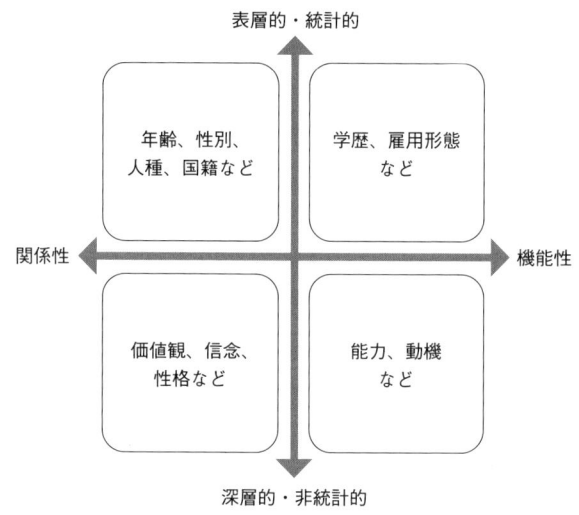

図2　組織における人材のダイバーシティの4分類

うになったのは、組織が多様性という点で人材を適材適所で配置してこなかったことが、さまざまなことから明らかになってきたこと、そして、それを克服しようという組織の側の努力が重ねられてきたことによる。本章と次章では、そのような一連の経緯を振り返り、そこからダイバーシティ・マネジメントの論点を明らかにしたい。

　ところで、組織における人材の多様性とは、具体的に何を指すのだろうか。多くのダイバーシティ研究では、人材の多様性を、それこそ多様に分類してみせる。早稲田大学の谷口真美は、「居住地、家族構成、習慣、所属組織、社会階級、教育、コミュニケーションスタイル、マネジメントスタイル、人種・民族、性的指向、職歴、年齢、未既婚、趣味、パーソナリティ、宗教、学習方式、外見、収入、国籍、出身地、役職、体格、性別、勤続年数、勤務形態（正社員・契約社員・短時間勤務）、社会経済的地位、身体的能力」を例として掲げ、職場におけるダイバーシティが、性別や人種、国籍、性的指向などに限って議論される昨今の風潮にくぎをさしている（谷口、2008）。

　立教大学の石川淳は、統計的に把握しやすい表層と心理的な深層という区別を縦軸に、職務に直接関係する多様性かどうかという観点を横軸にとって、

多様性を4象限に分けた分類を提起している（Ishikawa, 2014）。性別、年齢、人種、国籍などが表層（統計）的で関係性にもとづく多様性の例とされ、学歴や雇用形態（一般職か総合職か、臨時雇用か終身雇用かなど）は、表層（統計）的で機能的な分離のもとでの多様性の例となる。価値観、信念、性格などは深層（非統計）的で関係性にもとづく多様性の例であり、能力や動機（やる気など）にもとづく多様性は、深層（非統計）的で機能的な多様性の例とされる。

　これらの分類から明らかになるのは、組織を構成する人材が実際にどのような多様性をもっているかという点であり、それは人材の多様性とは何かを考えるための重要な示唆をもつ。本章では、これらの分類の意義を認めたうえで、企業はいつ、なぜ、どのような人材の多様性に気づいてきたかという組織の観点で、企業が直面する人材の多様性の課題を整理してみる。この観点に立ってみると、組織における人材の多様性は、第1に人権問題、次に異文化経営、そして3つ目として競争力の再構築という、大きく異なる分野にルーツをもつことが示される。それぞれにおいて、人材の多様性の捉え方も、その取り組みも、異なることが明らかにできる。

　そもそも、企業がダイバーシティ・マネジメントと向き合うようになったきっかけは、アメリカで1950年代後半におこった黒人差別の撤廃を求める公民権運動にルーツがある（尾﨑、2007）。その後、「ウーマン・リブ」と結びついた女性の権利の主張とみなされることもあった。そのようなこともあって、日本でダイバーシティ・マネジメントというと、かつてはアメリカの特殊な人事施策とみなされることもあったようだ。

　ダイバーシティ・マネジメントのルーツが人種差別の撤廃をめざす公民権運動だったというと、わが国の企業とはあまり関係のない話だと、関心をなくす向きもあるかもしれない。アメリカへ進出する一部の日本企業を除いて、日本の企業組織や経営にとって、直接に影響のあるテーマではないように思われるかもしれない。しかし次節に示すように、公民権運動によって、組織におけるさまざまな差別の存在が明らかになる。それを受けて、組織における「差別の解消」と「人権の確立」は、アメリカに限らず、欧州や日本を含

むさまざまな社会の普遍的な課題として認識されるようになった。社会政策や、個々の企業のレベルでの取り組みが進められてきたのである。

　そこにおける差別の対象は、人種に限らない。性別、社会階級、民族（ethnicity）、障がい、年齢、性的傾向などによる差別の問題にも広がる。雇用の場でのそれらをめぐる差別によって人権が侵害されることを防ぐのは、アメリカに特有の問題ではなく、日本を含む広く普遍的な、経営上の課題となったのである。これは、ダイバーシティ・マネジメントが、企業の「法令順守（コンプライアンス）」や「社会的責任（CSR）」の側面をもつことを示している。

　ダイバーシティ・マネジメントには、あと2つの異なるルーツがある。2つ目のルーツは、異文化マネジメントや国際経営をめぐるものである。かつてジョンズ・ホプキンス大学のカーティンが記したように、交易の歴史は人類の歴史と同じぐらい古い（Curtin, 1985）。その意味では、異文化経営の歴史は、人類史の一部といえるかもしれない。そこまで時間を広げて考察をおこなわないとしても、近代的な国際経営のルーツは、1600 年に設立された世界で最初の株式会社にして国際的な企業として知られる、オランダ東インド会社にさかのぼることができる。

　中国史を専門とするブリティッシュ・コロンビア大学のブルック（Brook, 2007）は、17 世紀中葉のオランダの日常を切り取ったフェルメールの絵のなかに、今日のビジネスのグローバル化のルーツが見事に描かれていることを示した。デルフトの景色には、東インド会社の保税倉庫が描かれており、人物画の背景には、同社がヨーロッパに紹介した東洋の珍しい商品が描かれていた。400 年前のオランダでは、東インド会社に代表される国際企業が、国が異なると商品への嗜好や交渉や経営判断をおこなう際の価値観が異なるだけでなく、仕事の仕方や組織のまとめ方も異なるという、今日の異文化経営が直面する課題にすでに正面から取り組み、グローバルに事業を展開していた。グローバル・ビジネスとダイバーシティ・マネジメントには、400 年以上の積み重ねがあるのだ。

　しかし大航海に続く植民地貿易にルーツをもつ、近代の多国籍企業の異文

化経営をめぐる考察が本格化するのは、1970年代に入ってからであった。そこでの喫緊の課題とは、文化的に異なる背景をもつ社員は、どのように異なる働き方をするのか、なぜそうなるのか、どうすれば、そのような異なる働き方をする社員のなかで相互理解が進み、チームワークが育まれ、円滑に仕事ができるのか、を理解することであった。そのような考察から導かれた知識を、実際に異文化経営の舵取りに活用するようになったのは、公民権運動に端を発した企業のダイバーシティへの取り組みよりも、さらに20年以上もあとになってからのことである。

　そして3つ目のルーツは、競争力を向上させるためのダイバーシティ・マネジメントである。アメリカ企業は、世界で圧倒的な競争優位を誇っていた1960年代から1970年代の黄金時代を経て、1980年代に入って日本企業などとの本格的なグローバル競争に巻き込まれる。そして1990年代に、大きな産業構造の転換の波がアメリカ企業を襲い、各社は競争力の再構築を迫られる。ここではじめて、ダイバーシティ・マネジメントが企業の競争力の再構築の手段の1つとして、その意義を認められるようになったのである。

　競争力の再構築のためのダイバーシティ・マネジメントは、さらに3つの異なるアプローチに分類できる。1つ目は、先にふれた「公民権運動」に関係するものでもあるが、それまでおもに白人男性が担っていた中間管理職などの仕事を、同じ能力と意欲をもつ人材であれば女性であろうが非白人男性であろうが差別せずにまかせるというダイバーシティ・マネジメントである。これが競争力の再構築に貢献するのは、それによって人件費も抑制することができたからである。その理論的な考察はのちの章であらためておこなうが、単純化していえば、白人男性をコア人材として優遇してきたアメリカ企業は、90年代にリストラを進めるとともにダイバーシティ・マネジメントを推進するなか、そのような白人男性優遇の人事施策を改めていく。そのなかで結果的に、白人男性を優先的に雇用するために支払っていた「白人男性賃金プレミアム」を解消し、同じ能力であれば男性と女性や非白人との間の賃金の格差が小さくなっていった（同一労働、同一賃金）のである。

　2つ目のアプローチは、多様な人材をうまく効率的に組み合わせて使うこ

とで、限られた人材のそれぞれが持つ限られた能力を最大限に活かし、価値を提供するというダイバーシティ・マネジメントである。リストラにより、組織が抱える人材の層が薄くなる。能力をもった人材を上手に使おうという意識が高まるなかで、この第2のダイバーシティ・マネジメントが進んでいった。社内外で、その仕事をやりたい、かつ、他人よりも上手にやることができる、という意欲と能力をもった人材に仕事をまかせることをめざし、社内公募制度や、社外からの募集との組み合わせが使われるようになる。多くの場合、それまで機会を与えられていなかった社員に挑戦の機会が与えられることで、人件費も抑制できる。のちには社内の人材の能力データベースの構築が進み、近年はこれをグローバルなレベルにまで展開するようになる。

　3つ目のアプローチが、多様な人材によるイノベーションと、それによる企業の潜在的な競争力の向上である。通常理解される狭い意味での技術革新にとどまらず、経営手法やビジネスモデルなども含む、企業活動のなかの幅広い分野における、何らかの経営革新である。ダイバーシティ・マネジメントとイノベーションとの関係への理解が進みはじめたのは、ごく最近のことだ。組織における知識マネジメントへの研究が進むなかで、多様な人材が知恵をもちより、従来にないアイデアを生みだし、ビジネスのやり方や価値の提供でブレーク・スルーを生むことへの理解が深まってきた。ここまでをふまえると、次のことが確認できる。

【要点1】
ダイバーシティ・マネジメントは、①組織のなかでの差別の解消と人権の確立、②企業の国際化のなかでの異文化経営、そして、③競争力の再構築、という大きく異なる3つの分野にルーツをもっている。

【要点2】
競争力の再構築へのダイバーシティ・マネジメントの貢献は、①差別の解消による、同一の能力をもつ人材の間にあった人件費の抑制（同一労働、同一賃金）と生産性の向上、②多様な能力をもつ人材をうまく適材

適所で配置することによる組織の効率性の向上と静的な成長の実現、③多様な能力をもつ人材をうまく取り込んだ知識経営のもとでのイノベーションとそれによる動的な成長の実現、の3つのアプローチを通して進んできた。

　この半世紀のあいだに、組織における人権と差別の問題がどのようなかたちで存在し、それについて企業がなぜ、どのように取り組む必要があるのかについての考察が進んだ。その後、多国籍企業における異文化経営の観点から、さまざまな文化的背景をもつ人材の活用についての理解も深まった。そのうえで、ここ20年ほどのあいだに、差別の解消や多様な人材の活用が、企業が競争力を再構築するうえで重要であることへの理解が深まってきた。
　ダイバーシティ・マネジメントをめぐるこの3つの観点、すなわち、組織における差別と人権の問題、異文化経営、競争力の再構築、のそれぞれについて、以下にみてみたい。まず本章で「差別」と「異文化マネジメント」という最初の2つについて概観する。その後、次章で「競争力の再構築」について、2つの側面に分けて考察してみたい。

2　組織における「差別」──アメリカにおける黎明期

　ダイバーシティ・マネジメントの最初のルーツが、アメリカで1950年代から60年代にかけて大きな社会問題となった公民権運動や女性運動などの反差別運動にさかのぼることができることは、すでに述べた。企業経営の観点から振り返ると、これは職場における差別的な処遇を排するという「労務管理の問題」であるとともに、そのような差別を禁ずる「法令遵守（コンプライアンス）とリスク管理の問題」でもあった。アメリカでは、企業も社会も長い時間をかけて、職場における人権侵害の問題に取り組んできたのである。
　もちろん職場における差別の問題は、アメリカ特有の問題というわけでもない。どんな社会にも、何らかの差別の問題は存在する。そして日本や欧州

をはじめとした民主国家では、国によって問題の具体的な内容、優先順位、その対応のタイミングや方法などに違いがあっても、職場における差別の問題は多くの場合、社会的な問題とされ、企業はその対応を求められてきた。

とはいえ欧州では、人種をめぐる問題は、アメリカほど先鋭化しなかった。その一方、男女の不平等については、欧州でも 1960 年代後半には重要な社会的課題となっていく。日本についていえば、政府や企業が職場における人権の問題を正面から本格的に取り上げるのは、欧州よりもさらにおそく、70 年代も後半になってからである。その後、半世紀を経て、アメリカでも欧州でも、そして日本でも、この第 1 の問題は解決がかなり進んだといえる。しかし、完全に問題が解消したわけでもない。この経緯について、まずアメリカにおける差別への対応から、簡単に振り返ってみることとする。

アメリカでは 1950 年代なかごろから、公民権運動が広がりをみせていた。1954 年に、公立学校における人種分離を違憲とした連邦最高裁判決が出たあとも、南部の州を中心に人種差別が続く。そのなかで、黒人女性のローザ・パークスが、バスの白人専用座席に座って逮捕されたのが 1955 年で、キング牧師らによる抗議運動は 1956 年からはじまる。この公民権運動が燎原の火のごとく全米に広がるなか、「公民権法」が 1964 年に成立する。その第 7 条において、人種、肌の色、宗教、性別、出身国の 5 つの項目を根拠とした雇用上の差別は人権侵害であると定められたのである。これを受けて、翌 1965 年に連邦雇用機会均等委員会（EEOC）が発足した。これと前後して、1963 年に男女の性差にもとづく賃金差別を禁じる「平等賃金法」が成立する。さらに 1967 年には、年齢による差別を禁止する「雇用における年齢差別（禁止）法」が成立している（尾﨑、2007）。

アメリカの社会に人種をめぐる差別があふれているということは、アメリカの企業のなかでも、同じような状況が起こっていたということでもある。GM や IBM などに代表されるアメリカの大企業のほとんどは、白人、それもアングロサクソン系の WASP（ホワイト・アングロサクソン・プロテスタント）と呼ばれていた男性が中心の組織であった。それ以外の、マイノリティ人種の男性や、白人やマイノリティ人種の女性も雇用されてはいたが、

処遇や昇進の機会で、明白な差別がある場合もあれば、そうではなくとも、「ガラスの天井」と呼ばれる、明文化された規定は無いものの、みえない差別が存在するとみなされる場合もあった。

　アメリカ社会のなかで人権意識が高まり、一連の法改正が進むと、企業もそれに対応する必要が出てきた。採用、評価と給与体系、昇進や懲戒などを含む一連の人事労務施策を、変化する社員の期待や新たな法律上の要請に応えられるものへと改組し、企業組織のなかで、それらの新たな人事労務制度が確実に実行されるよう迫られたのである。たとえば人種を理由にした配属や昇進の差別をおこなわないこと、一目で人種がわかる写真を履歴書に貼らないこと、面接のときに宗教を特定する質問をしないことなどにはじまる一連の人事上の配慮は、このようなコンプライアンスの観点から形成されてきた。

　その延長上に、「職務」にもとづく人事制度の確立がある。組織全体の仕事を洗い出し、これを各ポジションに割り振る。これによって、それぞれのポジションでおこなうべき仕事の価値が明らかになり、それにふさわしい給与が決まる。このような「職務」型の人事制度を確立するなかで、客観性や透明性を高めることによって、恣意的な采配が人種差別と結びついておこなわれる可能性を排除していったのである。このようにして、アメリカにおけるダイバーシティ・マネジメントは、組織のなかでの采配が人権を侵害してはならないという、社会の規範と法律の要請に企業が応えるなかではじまったのである。

　コンプライアンスとリスク管理にもとづく、このような人事施策は、その後も差別の対象の拡大や、違反への賠償の増大などに対応しながら続いてきた。たとえば1978年の「改正公務員法」において、既婚・未婚の別や政治的信条、縁故などをもとにした雇用や処遇の差別禁止を連邦職員の人事施策に盛り込んだ。この規定は民間企業の採用や処遇に直接及ぶものではなかったが、少なからぬ影響があったことが知られている。80年代に入ると障がいや性的指向などにもとづく雇用差別問題や職場におけるセクシャル・ハラスメントが法廷で争われるようになり、判例の積み重ねを通して、これらの

問題への新たな企業の対応が迫られるようになった。

　こうやってアメリカではじまった公民権運動への企業の対応は、アメリカという、1つの国のなかの話では終わらなかった。日本企業についていえば、70年代ごろから本格的な対米進出が始まるが、そのなかで、このような動きに巻き込まれることになる。70年代後半には、ニューヨークで住友商事が女性差別で、ヒューストンでは伊藤忠が人種差別で、いずれも公民権法第7条への違反を問われる訴訟の当事者となる。これらは80年代に入って和解が成立したが、組織における人権差別の問題は、日本企業にとって、もはや遠い対岸の火事ではなくなりはじめたのである（尾﨑、2007）。

3　欧州における展開

　アメリカと並んで、ダイバーシティ・マネジメントの先進地域とみなされる欧州では、どうだったのだろうか。欧州の企業も、同じころ、アメリカと同様の人種問題に直面していたのだろうか。職場における差別と人権の問題は、どの程度、欧州でも重要な経営上の課題として認識されるようになっていったのか。

　本章の冒頭にも述べたように、欧州は、東インド会社に代表される、近代の多国籍企業の発祥地である。欧州における人種的な多様性は、アメリカに勝るとも劣らない。オランダのフィリップスやスイスのネスレの例をみるまでもなく、今日、欧州の代表的な多国籍企業のダイバーシティ・マネジメントへの取り組みは、目を見張るものがある。そのためか、「ダイバーシティ・マネジメントをめぐる欧州の展開は、アメリカの動きのあとに続いて起こったのですね」、とたずねると、いやな顔をする欧州の研究者や企業経営者が多い。とはいえ、組織をめぐるダイバーシティ・マネジメントの具体的な発展や、それを多角的に考察する研究では、やはりアメリカに一日の長がある。ダイバーシティ・マネジメントをめぐる欧州の動きは、アメリカでの展開に続いて起こっており、またその展開に影響を受けている。

　欧州の企業にとってのダイバーシティ・マネジメントのルーツは、アメリ

カと同様に、職場の人権問題と、それへの組織としての対応にあった。しかし組織としての人権問題への対応は、欧州各国で一様というわけではなく、またおおむね、アメリカに比べて比較的緩やかだった。その対象も、アメリカとは異なっていた。すでにみたようにアメリカでは、人種をめぐる問題が、職場における人権問題のトリガーとなった。それに対して欧州では、人種をめぐる問題はそれほど大きな広がりをみせなかったが、女性をめぐる問題が、より重要な経営課題となっていった。

　ここで、ヨーロッパにおける企業組織と人種の問題の広がりを概観してみる。欧州を1つの地域としてみると、アメリカより一回り広い陸続きの大陸に、アメリカの2倍の人口を擁している。そこに住む人々の多様性は、アメリカに勝るとも劣らない。また、アフリカ大陸や中東にも近接している。欧州では言語も文化も異なる多数の民族が隣接してコミュニティをつくり、往来し、交易をおこなってきたのである。

　現在の欧州は、50の異なる国から構成されており、本書で主に考察するEU（欧州連合）加盟国は、そのなかの28である。株式会社という形態も、近代的な多国籍企業も、17世紀の欧州にルーツをもつ。オランダやイギリスの東インド会社に代表される欧州にはじまった近代的な多国籍企業は、海外に植民地を広げるなかで発展し、その過程で、異なる民族の顧客と取引し、複数の民族からなる人材を組織のなかで采配するためのノウハウを蓄積していく。

　17世紀の欧州はまた、ウエストファリア条約によって神聖ローマ帝国が解体され、国民国家の基盤ができあがる時期でもあった。そのため、ヨーロッパの各国は、欧州全体の多様性を担うとともに、国の単位でみれば、少なくともアメリカに比べると比較的同質な人種、文化、宗教、言語をもつ国民国家（nation state）として成立することになる。このようにして、欧州各国は比較的同質な国民がマジョリティを占める一方、近隣諸国や植民地から流入する少数民族や移民労働者を抱えるという、アメリカとは異なる人種問題に直面することになる。このようなことを背景に、欧州でも人種差別は古くから存在していたが、アメリカのように先鋭的な社会問題とはならなかった

のである。

　欧州におけるダイバーシティ・マネジメントを考察するうえでの、もう1つの重要なポイントは、各国が階級的な社会を維持していた点である。絶対王政から国民国家への移行後も、欧州の多くの国は立憲君主制のもとで王制を続ける。フランスのように革命を経て共和制に移行した社会でも、階級が存続した。競争的な市場経済のメカニズムが基本的には機能するなかで、実力主義と階級社会の複雑な絡み合いが各国で構築されていく。

　いずれの社会でも、一般的なパターンとして、上流階級の子弟が大学に進学し、社会の支配階級としてのポジションを得ていく。これらの子弟は、若いときから将来を担うための経験を積んでいく。こうして、有力企業の上級管理職以上のポジションは、比較的高い社会階層の男性が占める。これが、最近まで続くことになる。欧州の戦後復興のなかで、階級社会の解消と実力主義の浸透は進んできたが、ティルブルグ大学のカルミーンらの研究が明らかにしたように、階級にもとづく役割分担は欧州の多くの社会でなお存在し続けている（Kalmijn and Kraaykamp, 2007）。しかし組織における階級の影響を、人権上の差別として正面から取り上げる動きはなかった。

　また、階級社会とも深い関係をもつのが、長い歴史のなかで形成されてきた労働組合の存在である。18 世紀にはじまった産業革命のあと、19 世紀のなかごろには労働者が組合として組織化され、労働組合が社会的かつ政治的なグループとしての存在意義を認められるようになる。職場における人権や処遇などの様々な問題は、アメリカにおいては社会的な運動や訴訟を通して声が上がっていったのに対し、欧州では労働組合を通して組織的、制度的に問題の顕在化と対応の検討が進むことになる。その後、欧州各国が戦後復興のなかで、労働組合の要求に応えるべく、高い水準の社会福祉政策とともに、労働者の権利を広く認める労働政策をとり、それをふまえて企業も労務管理をおこなってくるという、アメリカとは際立って異なる動きにつながるのである。

　社会的な状況や歴史的経緯の違いもあって、欧州各国は、個別にこれらの問題に対処してきていた。その後、1950 年に欧州評議会（Council of Europe）

が国連人権宣言をふまえて欧州人権条約（European Convention of Human Rights）を定め、それにもとづく欧州人権裁判所（European Court of Human Rights）を設立する。その第14条に、性別、人種、肌の色、言語、宗教、信条、国籍、出自などにもとづく差別の禁止を定め、加盟各国に、それぞれの国内法での対応を求めることになる。

　重要なポイントは、このような労働政策の整備において、人種問題はアメリカのように先鋭化しなかった、という点である。その背景の1つが、主要国における人口構成である。アメリカでは、黒人の人口比率が10％を超えている。それに比べ、欧州各国とも少数民族の人口比率は5％にも届いていない。また、イギリスがアメリカと同様に判例法（慣習法）の伝統をもち（より正確には、アメリカがイギリスの慣習法の伝統をアメリカ建国後も続け）、法律が時代にあわせて変化しやすいのに対し、それ以外の欧州各国は、ローマ法の伝統を引き継ぎ、体系的な成文法にもとづくいわゆる大陸法社会で、アメリカのように、慣習を積み上げて時代とともに法律を変える柔軟性には欠けていたという点もある。その裏返しで、欧州はアメリカほどには訴訟社会でもない。

　この結果、南デンマーク大学のレンチが明らかにしたように、1980年代までの欧州では、法制度やガイドラインの整備が進んだイギリスとオランダを除き、職場における人種差別は政治問題化していない。したがって、法制度の整備も進んでおらず、企業が職場の人種差別をめぐって、アメリカ企業のようなコンプライアンスとリスク管理に細心の注意を払うという状況は起こらなかった（Wrench, 2007）。

　これに対し、女性の人権と就労については、もっと早い段階から各国で取り組みがはじまっていた。フェミニズムの旗手としても知られるフランスの作家ボーヴォワールが「第二の性」を著したのは1949年だが、そのフランスで本格的に女性解放運動が広がったのは1960年代後半になってからである。これは、フランス全土に広がった学生運動や労働者運動などと呼応した動きとして知られている。フランスほど過激な動きに至らなかったが、ドイツにおいてもほぼ同じ時期に同様の女性解放運動が起こっている（尾﨑、

2007）。

　これらの動きのなかで、それまでの伝統的な性差にもとづく社会的な役割分担の見直しが進む。そして 1976 年には、欧州共同体指令（EEC Directive）207 号によって、加盟国における性差にもとづく就労、昇進、研修機会、労働条件の差別の禁止が定められた。しかしながら、欧州と一口にいっても、企業における女性の処遇について、国によって少なからぬ違いがみられたのは事実である。

　大ざっぱにいって、イギリス、オランダ、スカンジナビア諸国などの欧州北部では、女性の社会的進出が急速に広がるとともに、法制度の整備や企業の対応が進んだ。ドイツがこれを追う。他方で、フランス、イタリア、スペイン、ポルトガルを含むいわゆる欧州南部では、伝統的な性差にもとづく社会的な役割分担の考えが一部に残るなどして、社会における女性の活躍は他の欧州各国よりも低い水準になっていた。欧州ダイバーシティ・マネジメント研究所（Instituto Europeo para la Gestión de la Diversidad, IEGD）所長のカサノバは、2000 年の段階で、ダイバーシティ・マネジメントを人事施策の一部として取り入れている欧州企業は、北部ヨーロッパで 20％を超えるのに対し、南部ヨーロッパでは 1 ％にも満たなかったことを明らかにしている（Casanova, 2012）。

4　日本でのダイバーシティ・マネジメントのはじまり

　ひるがえって日本では、いつごろから、どのような問題をきっかけに、ダイバーシティ・マネジメントが企業の経営課題として意識されるようになったのだろう。この問いに一言で答えれば、わが国においても、アメリカや欧州と同様に、そのルーツを職場における人権をめぐる問題にさかのぼることができる。もちろん、これはわが国に固有の状況のもとで展開されてきており、欧米とまったく同じ動きとはなっていない。

　日本の状況については、福島大学の長谷川珠子の研究が示すように、複数の法律で雇用に関する差別が明示的に禁止されている。終戦により制定され

た日本国憲法には、その第14条において、人種、信条、性別、社会的身分または門地による差別の禁止を定めている。また、憲法の第27条において、勤労条件に関する法律を定めると規定し、そのもとで1947年に労働基準法が制定された。その第3条において、国籍、信条または社会的身分による労働条件差別を、同4条で、性別による賃金差別を禁じている。これ以外にも、男女雇用機会均等法、雇用対策法、パートタイム労働法、障害者基本法、労働組合法などにより、性別、年齢、非正規労働者、障がい者、労働組合員などを根拠とした募集、採用、昇進、その他の処遇の差別が禁じられている（長谷川、2013）。

　このように法制度上では、わが国における職場での差別は早くから禁じられていたことになる。しかしながら、職場における人種をめぐる差別が、これらの法律の下で解消し、存在していなかったというわけではない。アメリカや欧州に比べて人種が圧倒的に同質なことや移民労働者が少ないこと、表立っては在日外国人問題も先鋭化してこなかったこと、労使関係が比較的良好なこと、社会規範が強く、男女の役割分担や部落問題などを含む暗黙の常識やタブーなども強く残っていたこと、訴訟社会ではないことなど、いくつかの要素が重なり、ながらく顕在化することがなかったというのが実態であろう。

　職場における性差をめぐる差別については、男性営業職や看護婦など、性差にもとづく職種の区別や、男女別の採用人数、寿退社に代表される性差による解雇の扱い、男女別の給与、配置や昇進などの処遇の違い、そして男女で異なる定年などが就業規則や慣行として長く続くとともに、企業における女性の活躍の場所は限定され、実態として、企業組織における女性の多くは補助的な役割に甘んじていた。

　3つの流れが、わが国の職場に続いていたこのような差別の問題への対応を促しはじめる。1つ目は国民の関心、2つ目は行政や立法に加えて司法を含む国の対応、そして最後が国際的な流れである。たとえば障がい者雇用についていえば、戦後の傷痍軍人への対応という、きわめて国内的な社会的かつ行政上の課題にルーツをもつが、国際的な動きである1955年のILO勧告

（雇用を媒介に障害者の社会参加を積極的に進めるという意図を持つ）もその促進に重要な役割を果たした。これらの流れのもと、1960年に「身体障害者雇用促進法」が制定され、企業における障がい者雇用を制度的に促しはじめる。香川大学の山田耕造が示したように、その後も社会的な要請と行政上のニーズ、そして判例の積み重ねもあって、1977年に同法が改正されて企業に雇用義務が課される。その後、1983年から国連で10年にわたる「障害者年」がはじまり、それらを受けてわが国でも1987年にあらためて法改正がおこなわれ、知的障がい者も対象となる「障害者の雇用の促進等に関する法律」として今日に至るのである（山田、1992）。

　女性差別に対する動きに特定してみると、明治時代にさかのぼることができる。女子売買の禁止や参政権、妻からの離婚などをはじめとする女性の人権や女性解放、政治参加をめぐる社会的な動きが、明治以来、起こっていた。それを受けて、政策の整備も進む。他方で、国の教育方針としての「良妻賢母教育」の動きも進み、わが国の社会規範のなかに性別にもとづく役割分担を定着させることにもなる。戦後は、1960年代後半に広がった大学紛争のなかで「ウーマン・リブ」や反差別運動も先鋭化する。これは世界的な動きでもあったことは、同じころ、フランスやドイツにおいて大学紛争と女性解放運動が連動していったことにふれたとおりである。

　司法も重要な役割を果たす。日本は一般に、判例を積み上げて法体系を形成したり政策を変更したりする、アメリカやイギリスのような判例法社会とは異なり、ドイツやフランスの制定法（大陸法）社会に近いとされている。そのなかにあって、明治大学の松岡三郎が明らかにしたように、雇用側と社員とのあいだで起こされた労働訴訟をめぐる判例の積み重ねにより政策を補い解釈を示したり、政策の空白を埋めて法律の制定を促したりするなど、判例法的な役割を果たしてきた。組合活動を根拠とした社員の差別的な処遇を含む組合による政治的活動の正当性、さまざまな就業規則の合理性、解雇権などの労働契約の合理性や職場の女性差別をめぐる公序良俗違反について、多くの判例が出され、それが蓄積し、法体系となってきたのである（松岡、1993）。このような一連の展開のなかで、1972年には「勤労婦人福祉法」が

できる。

　その後の流れに大きな影響をもった司法の判断の 1 つが、1969 年に起こされた、いわゆる日産自動車事件である。この年に 50 歳を迎えた同社の女性社員が、女性の定年が男性の定年より 5 年も早いことを不服とする訴えを起こしたのである。この裁判は 70 年代を通して闘われ、1981 年に最高裁で会社側の上告の棄却により、男女別の定年が無効という判決が確定する（中本、1996）。

　これ以外にも、賃金や結婚・出産退職、昇格などをめぐる女性と男性の処遇の違いなど、職場における男女差別をめぐって多くの訴えが起こり、判例を通して一定の歯止めができ、それを新たな法整備によって制度化する、という流れが続いた。この点で国民の関心と、行政や立法に加えて司法を含む国の対応とが呼応しあって、日本的な職場における差別の解消の努力が続いたといえよう。

　それに加えて、海外での動きもわが国に重要な影響を及ぼす。海外では、1981 年に国連で「女子に対するあらゆる形態の差別の撤廃に関する条約」が発効し、日本もこれを批准する。それにともなって国内の法整備が進み、その一環として「勤労婦人福祉法」が改正され、「男女雇用機会均等法」として 1986 年に施行される。ここに、雇用における性別を理由とした差別や不利益が体系的に禁じられるようになる。またこれ以外にも、雇用対策法、パートタイム労働法、労働組合法などにより、さまざまな分野における募集、採用、昇進、その他の処遇の差別が禁じられている。

5　人権問題の拡大

　さてアメリカでは、20 世紀のなかごろにはじまった、職場における人権侵害への是正の動きは、90 年代に入っても、終わりをみせるどころか継続し、人権侵害についての考えが広がっていく。1990 年には、「身障者法」が成立した。これは、能力があっても身障者であることを根拠に雇用差別をおこなうことを禁止するもので、公民権法第 7 条に定められていた 5 つの対象

分野に、6つ目が加わったのである。翌年には「改正公民権法」が成立した。これは、同法への違反に対して懲罰的な損害賠償の請求権を認めるもので、これによって一気に訴訟が増え、賠償請求も巨額化した。

　職場におけるセクハラが人権侵害であるということが定着したのも、このころである。1993年、フォークリフト社に対するセクハラ訴訟で連邦最高裁が出した判決で、セクハラをめぐる企業の雇用責任が大きく拡大したのである。この判決が出るまでは、アメリカにおいてもセクハラはきわめて個人的な当事者間の問題とみなされることが多かった。そのため被害者側が、ノイローゼになって仕事を継続できなくなるなどのような具体的な被害があったことを証明できなければ、補償の請求が認められなかった。しかしこの判決で、個別の被害のあるなしにかかわらず、性差をめぐって敵対的あるいは権力の濫用的な職場環境が継続していたことが明らかにされれば、雇用主が公民権法第7条にもとづく責任を果たしていないとされた。このような流れのもと、企業には職場における人権侵害の新たな問題として、ハラスメントをめぐる法令順守（コンプライアンス）とリスク管理が求められるようになる。

　このように、職場における人権問題は、もはや黒人や女性の雇用や処遇をめぐる差別という比較的限定された問題で終わらなかった。身障者の雇用と処遇や、LGBT（レズビアン、ゲイ、バイセクシュアル、トランスジェンダー）の差別、職場におけるパワー・ハラスメントなど、人権問題の対象が拡大し、それまではあまり問題と認識されていなかったような職場における人権侵害が大きな社会的問題となっていった。

　80年代後半、プラザ合意による急激な円高と、日米貿易摩擦の激化などを背景に、日本企業のアメリカ進出が加速する。そのなかで、アメリカにおける職場の人権問題の新たな展開が、日本企業にも直撃しはじめる。その代表的な事例の1つが、90年代前半にアメリカ三菱自動車で起こったセクハラ訴訟である。同社は1988年、米イリノイ州に工場を構え、本格的な現地生産を開始した。当初はクライスラーとの合弁工場だったが、1991年に三菱自動車の完全な子会社となる。それと前後して、女性社員からセクハラを

めぐる雇用平等委員会（EEOC）への訴えが増えはじめた（尾﨑、2007）。

　先にふれたように、この時期はアメリカ社会のなかで、職場におけるセクハラの捉え方が、当事者間の個人的な問題から組織における人権問題へと変化している時期であった。しかし今から振り返ってみると、同社はこのようなアメリカ社会のなかで起こっていた変化への認識が、十分ではなかったのかもしれない。会社としてセクハラを防止するための適切な措置をとっていないという EEOC 側の指摘に対し、同社は反論を続け、正面から訴訟で戦う姿勢を示していた。その結果、同社をめぐるセクハラ問題は深刻さを増していく。個別の訴訟が重なった挙句、EEOC が 1996 年に、同社に対して大規模なクラス・アクション（集団訴訟）を起こすことになるのである。

　クラス・アクションでは、訴えを起こさなかった被害者も救済の対象となる。最終的に同社は和解金や寄付その他の費用で数十億円を支払うことになる（EEOC, 1998）。また不買運動も起こり、企業イメージも大きく傷ついた。ちょうど日米のあいだで経済摩擦が激化していたころと重なり、当時の日本では、日米摩擦による日本企業叩きの流れのなかで起こったと解釈する向きもあったようである。しかし、そのような見方自体が、当時の日本社会における職場の人権への認識レベルを示していたのかもしれない（尾﨑、2007）。

6　多国籍経営とダイバーシティ・マネジメント

　アメリカではじまった、職場における人権侵害への是正の動きとほぼ時を同じくして、60 年代から 70 年代に、GE や Ford、IBM や Kodak、P&G や RCA など、多くのアメリカの巨大企業は、多国籍企業としての黄金期を迎える。このようなアメリカの巨大企業の海外進出は、多国籍企業の研究を促す。特にニーズがあったのが、企業が、異なる国籍や文化とどう向き合うかについての研究であった。これらの企業にとって、海外での展開は多くの成功をもたらしたが、その一方で、アメリカ企業が自国での経営をそのまま海外に持ち込んだことで起こる、少なからぬ苦労も起こっていたからである。もちろん企業の海外進出はアメリカ企業だけに限られたものではない。すで

にふれたように、東インド会社以来の経験をもつ多くの欧州の企業も、海外進出を進めていた。日本企業もそのあとに続く。

　そもそも国際的なビジネスには、長い歴史がある。古代にはローマ帝国と秦や漢がシルクロードを使った東西交易をおこない、中世にはジェノバやベニスの商人たちが活発な地中海貿易をおこなっていた。近代的な企業組織による、本格的な国際経営という観点では、先にふれたように、15世紀中葉の大航海時代にルーツを認めることができる。地理上の発見にともない、大規模な商船隊を組み、対象地域に南北アメリカ大陸が加わってグローバル化し、ビジネスの規模も拡大していった。それまでに比べて巨額の初期投資が必要となり、それにともなうリスクもリターンも格段に大きい。そこで、必要な資金を小口に分け、リスク・マネーを調達することで、それまでのような個人事業や、そのような個人事業者のネットワークであるギルドにくらべてはるかに規模が大きく、リスクのある事業に乗りだしていった。いまでいうベンチャー・ビジネスの原型である。1602年に設立され、約2世紀にわたって事業を展開したオランダ東インド会社は、最初の株式会社として知られている（Brook, 2007）。

　当初の国際経営は、ヨーロッパでは手に入らない香辛料やお茶、陶器などをはるばる遠くまで出かけていって入手する輸入ビジネスであった。もちろん輸入するためには支払いが必要で、そのために南米に銀鉱山を開発したり、インドで阿片を栽培したりという多角化がはじまる。とはいえその当時の国際経営のおもな関心事は、産出する財とその価値（価格）が世界各地で異なり、そのような違いが利益の源泉になるという、財（商品）の多様性をめぐるものであった。

　国際経営で人材の多様性について体系的に研究が進みはじめたのは、このような歴史のなかで、ほんの最近のことである。興味深いのは、その過程で、組織における人材の多様性をめぐり、2つのまったく異なる側面が明らかにされた点である。1つは、国際経営における人材の多様性のマイナス面への理解である。海外の人材は、自国の人材と同じようには仕事をしてくれない場合が多く、したがって国際化にともなう組織のダイバーシティは、企業の

国際化の進展にともなって受け入れざるをえない、やむをえないコストやリスクとされたのである。

　異文化経営の研究に一時代を開いたライデン大学の社会心理学者ホフステードは、1960年代から1970年代にかけての若いころ、IBM に勤務していた。同社では定期的に、世界各地で働く社員に仕事ぶりや上司との関係、モチベーションなどを中心に社員の意識調査をおこなっていた。ホフステードは、その調査結果のデータから、同じ組織でありながら、組織や上司についての考え方、仕事の仕方、上限関係、チームワークやコミュニケーションの取り方が異なっていることに気づき、それを実証的に把握し、分析しはじめた。これが1983年に発表された組織文化の多様性に関する研究で、その後の異文化マネジメントの新たな時代を開くことになる（Hofstede, 1983）。

　これによると、①権力関係（Power Distance）、②個人主義・集団主義（Individualism vs Collectivism）、③成功や昇進、物質的報酬の社会的位置づけ（これが高いと男性的/Masculinity、低いと女性的/Femininity とした）、④リスク選考や不確実性の回避（Uncertainty Avoidance）、の4つの点で、国により文化により、社員の認識やそれにもとづく判断に、大きな違いがあることを示した。その後の研究では、これらに加え、⑤長期的か短期的か（Long Term vs Short Term）、⑥欲望のおもむくままか、禁欲的か（Indulgence vs Restraint）を含めた6つの指標が組織文化の国際比較で重要であると提起している（Hofstede, 1983）。

　ほぼ同時期にスウェーデン企業の国際化をめぐる実証研究をおこなったウプサラ大学のヨハンソンらは、スウェーデン企業の多くが、隣国のデンマークやその先のドイツなど、最初に文化的に近い近隣市場へ進出し、ある程度時間をかけて失敗も含む経験を積んだあとに、フランスやイタリア、さらにはアジアへ進出するという、海外進出におけるある種のパターンを共通して踏んでいることに気づいた。そこから、これらの企業が海外進出にともない、文化的な多様性を経営のなかに取り込むうえで、時間と費用をかけながら学習し、習熟を深めているプロセスを発見した。このプロセスを通して、企業は現地法人との経営上の意思疎通を徐々に円滑にするとともに、少しずつ、

自国との心理的な距離が遠い、文化的により難しい市場への進出ができるようになることを実証的に明らかにしたのである（Johanson and Wiedersheim-Paul, 1975）。

　のちに「ウプサラ学派」として知られるようになる、国際経営をめぐるこの研究の、ダイバーシティ・マネジメントからみた重要性は2つある。1つは、組織の内部に文化的な多様性を抱えることは、企業にとって少なからぬコスト負担となることを明らかにした点である。もう1つは、そのようなコストは、組織として学び、それを経営に活かすという、組織の次元での学習（知識マネジメント）をおこなうことで下げることができるものであり、そのような組織としての知識は企業の競争優位の源泉となる、という点である（Johanson and Vahlne, 1977）。

　ペンシルバニア大学のコブリンは、国際的な多様性は、コストに加え、リスクもあることを示した。コストは一律に起こる費用である。それに対してリスクは、ある一定の確率のもとでそのようなコストが発生しうることを示す。自動車の人身事故は、甚大な被害を及ぼすという点で巨大なコストをもたらすが、すべてのドライバーが必ず事故を起こすわけではない。たとえばドライバー100人のうち1人が年間1件の人身事故を起こすことがデータからわかれば、事故率1％というように、確率を使ってリスクを予測することができる。コブリンが明らかにしたのは、企業が国際化し、多様な人材を抱えると、異文化マネジメントにともなって余計なコストがかかるだけでは終わらない、という点であった。彼は、異なる文化的、社会的、政治的な背景をもち、考えをもつ人材を組織に抱えたり、顧客にもったりするにつれ、彼らのことを正確に理解や把握できていないことなどから起こる大きな間違いが、ある一定の確率で起こる可能性があるという「リスク」の存在を示したのである（Kobrin, 1979）。このような企業の国際化にともなう、文化的な多様性をめぐるコストやリスクは、テキサス A&M 大学のエデンらがまとめたように、「外国人のハンディ（Liability of Foreignness）」として知られる概念にまとめられていく。企業にとって多様性とは、コストやリスクを含む「ハンディ（Liability）」なのである（Eden and Miller, 2004）。

　これらが示すように、組織における人材の文化的な多様性は、ながらく、企業が国際化を進めるうえで直面する、やむをえない「コスト」や「リスク」という、マイナスの要素としてとらえられることが多かった。人材の差別をめぐるコンプライアンスと労務管理にしろ、異文化マネジメントにおけるコストやリスクの対策にしろ、初期のダイバーシティ・マネジメントは、企業にとっては、手間と費用のかかる、どちらかというと後ろ向きの課題だったといえる。異文化マネジメントにおける多様な人材のプラス面への認識が深まるには、後述するように、ダイバーシティ・マネジメントを企業の競争力の再構築の観点から捉えなおす動きが出てくる90年代まで待たなければならなかった。

3

歴史と現状、ダイバーシティ・マネジメントのルーツ（2）
——競争力の再構築——

- ・80年代後半以降、アメリカ企業の多くがグローバル競争に巻き込まれ、競争力の再構築を模索するなか、ダイバーシティ・マネジメントが新たな経営手法の1つとみなされるようになる。
- ・競争力の再構築につながるダイバーシティ・マネジメントは、次の3段階で展開した。
  1. 同じ能力をもった人材であれば白人男性にこだわらないというダイバーシティ・マネジメントが進む。
  2. 多様な能力の効率的配置としてのダイバーシティ・マネジメントが、まずアメリカ国内で、次にグローバルな次元で進む。
  3. 多様な能力を通したイノベーションを起こし、新たな企業価値を生み出すというダイバーシティ・マネジメントが模索されるようになる。

　前章の最後で、人権問題にはじまったダイバーシティ・マネジメントの歴史が、80年代から90年代にかけてのアメリカで変化をみせはじめたことを示した。セクハラや性的嗜好など、それまでどちらかというと私的な問題と考えられてきたようなことも、職場における重要な人権問題と認められるようになったからである。これにより、雇用者の責任が問われるようになるなど、職場の人権問題の質的な変化が起こっていった。

　さて、時期を同じくして、アメリカの大企業の多くで、職場におけるダイバーシティについて人権問題とはまったく異なる観点からとらえ、評価する動きも起こっていた。これが、ダイバーシティ・マネジメントを通した、組織の競争力の再構築の動きである。ダイバーシティ・マネジメントを実施することで、人材の活用をより効果的におこなうことができ、それによって自

社の競争力を高めることができるというものである。

　組織における人権問題を是正するためのダイバーシティ・マネジメントが半世紀を超す実績をもつのにくらべると、競争力に結びつくダイバーシティ・マネジメントの歴史は浅い。この分野に特化した研究もまだ緒についたばかりで、じつはわからないことも多い。したがって本章でも、断片的なエピソードや議論の続いている研究の紹介が多くなっている。とはいえ近年、ダイバーシティ・マネジメントというとき、こちらの側面についての言及が増え、関心が大きくなっていることは事実である。また当然ながら、この2つを区別しないでダイバーシティ・マネジメントの議論をおこなうと、混乱を招くことになる。以下にこの新しいダイバーシティ・マネジメントへの関心について、おもにアメリカ企業で展開されてきた経緯を概観する。

1　ダイバーシティ・マネジメントが競争力の再構築と結びつきはじめた背景

　アメリカの企業経営の一線でダイバーシティ・マネジメントを競争力の再構築と結びつけるようになった背景の1つは、少なからぬアメリカ企業が、日本企業を含む海外企業に対して競争力を失いはじめたことにある。これは1980年代の後半に顕著になった。1987年10月、アメリカの株式市場で「ブラックマンデー」として知られる株価の大暴落が起こる。ダウ平均の終値が20%以上も下落して、世界に大きな衝撃を与えた。

　直接のきっかけとされたのが、80年代のレーガン政権で膨らみはじめた、財政収支と経常（貿易）収支の赤字である。巨額の累積赤字で、アメリカ経済はその持続可能性に疑問符がつくようになっていた。いわゆる双子の赤字問題である。これ自体はマクロ経済の動向だが、その裏側にある企業業績とその将来性に関心が向きはじめる。経常赤字が恒常化する状態をとらえ、アメリカ企業が海外企業との競争で、安くて品質の良い製品をつくりだせず、輸出が増えないばかりか輸入に負けてしまっているのではないか、という見方である。ここから、アメリカの企業が本格的なグローバル競争に巻き込ま

れていることへの認識と、産業の競争力をグローバルな次元で分析することの必要性がいわれるようになる。

1992年の大統領選挙では、経済が最大の争点となった。現職の副大統領だったブッシュをアーカンソー州知事だった新人のクリントンが破るが、そのときクリントンがブッシュを追い詰めるのに使った効果的な選挙キャンペーンが、「アメリカにとって最大の問題は、経済に決まってるだろう (It's the economy, stupid)」だったことは、この時代の空気をよく示している。90年代の後半からシリコンバレーを中心に新しい産業が勃興し、クリントン政権は財政赤字の解消にめどを立てるなど、振り返ってみると、アメリカ経済の停滞は長くは続かなかった。それでもアメリカにも、「失われた数年」はあったのである。

だからといって、アメリカの企業経営者が、すぐにダイバーシティ・マネジメントに手をつけはじめたわけではない。すでにみたように、50年代中葉からアメリカ社会に広がった公民権運動への対応というコンプライアンスと労務管理の観点から、アメリカ企業において女性や非白人男性の雇用や登用は進んできていた。しかし、業績の回復や競争力の再構築とダイバーシティ・マネジメントを結びつける手法は、まだこの段階では確立していない。80年代末以降に苦境に陥ったアメリカ企業の経営者は、まず人員や経費の削減といった、教科書通りのリストラから手をつける。それまでのアメリカ企業の競争力回復のやり方は、資産の処分、操業の短縮、そしてそれにともなうブルーカラーの余剰人員のレイオフを中心とするコスト削減が中心であった。

しかし、しばらくして新たな課題に直面する。それまでは、まともな経営を続けているアメリカ企業が陥る業績不振の多くは、景気循環がおもな原因であった。景気が悪くなれば、需要が減退する。そこで製造のペースを落とす必要があり、工場の操業率を下げ、それにともなって工場労働者をレイオフする。レイオフが「一時帰休」と訳されるのは、また景気が回復したら、工場の稼働率をもとに戻すとともに、レイオフされた労働者に仕事に戻ってきてもらうからである。これが、教科書通りのリストラである。

しかし 80 年代後半にアメリカの代表的な企業を襲った業績不振では、このようなやり方だけでは対応できなかった。製造業においては、組織のなかで生みだす付加価値に占めるホワイトカラー比率が、かつてにくらべて大きくなっていたからである。いわゆる製造業のサービス産業化で、製造現場で時短をおこない、ブルーカラーをレイオフし、在庫を減らすという、それまでのやり方ではなく、より本質的な見直しが必要だった。もちろんそれに加えて、アメリカ経済全体が、製造業からサービス産業へと構造転換が進んでおり、製造業の将来が、それまでの延長線上には描けないという大きな問題にも直面しはじめていた。

　そこで、のちに「リエンジニアリング」として知られるようになる、より本質的な組織と事業の見直しがはじまる。そこでは、仕事のやり方の見直しと一体化して、ホワイトカラーのレイオフにも大きく手をつけはじめることになったのである。アメリカ労働省統計局のガードナーの調査によると、81年から 82 年にかけてアメリカ企業で解雇された従業員のホワイトカラー比率は 3 割程度であったのが、その 10 年後の 91 年から 92 年には、5 割を超えるまでに増加していた（Gardner, 1995）。その過程で、社員数を減らしてコストを下げるだけでなく、本社など間接部門の縮小や、マネジメント階層の削減により、管理職の数を減らすとともに意思決定のプロセスを短縮して、経営のスピードと効率を高めようと試みたのである。

　当時の経営者が、既存の組織や仕事のやり方を温存した調整型のコスト削減に加えて、より本格的な経営の見直しをともなうリエンジニアリングに乗りだした背景を、もう少し詳しくみる必要がある。アメリカを代表する多国籍企業の多くがこの時期に低迷していた背景には、2 つの点でそれまでとは質的に異なる理由があると考えられるようになっていた。1 つは、競争のグローバル化である。21 世紀初頭のグローバル化では、中国が「世界の工場」として安くて品質も良い商品を世界各地に輸出するなか、それまで国際的なプレゼンスをもっていた日本企業の競争力が問題とされるようになってきた。それと似た状況が、30 年前のアメリカで起こっている。それまで世界で圧倒的なプレゼンスをもっていたアメリカ企業が、80 年代になって日本に代

表される新たな相手と本格的に国際競争を激化させるなかで、苦境に陥りはじめたのである。

　もう1つは、競争の激化が、すでに衰退産業と認められていた繊維や鉄鋼、家電などの分野から、自動車やコンピュータ、半導体など、アメリカが高い競争力をもっていると自信をもっていた分野にまで広がりはじめたように思われたことである。問題を深刻に受け止めることになったきっかけは、アメリカ企業の直面する問題が、価格をめぐる競争力の問題にとどまらず、品質をめぐる問題にも広がっていることへの認識であった。

　このような認識をつくることになった1つが、レーガン政権の『大統領産業競争力委員会』（President's Commission on Industrial Competitiveness）の報告書、いわゆる『ヤングレポート』であった（President's Commission on Industrial Competitiveness, 1985）。この報告書はアメリカ全体が産業構造の転換と多くの産業における競争力の低下に直面していることを提起し、大きな反響を呼んだのである。それに続く1987年、今度はアメリカ労働省の委託によりハドソン研究所のジョンストンらが、『Workforce 2000』と題した報告書を出す。これは、アメリカ企業が競争力を再構築する具体的な道筋を示すなかで、これまでのような製造業中心からサービス産業へのシフトの必要性、それにともなう求められるスキルの高度化、そして人口動態にもとづく労働市場の多様化を見通し、白人男性が中心で組織を回してきていたアメリカの代表的な企業の経営のあり方に警鐘をならした（Johnston, *et al.*, 1987）。

　もちろん、この2つのレポートだけで、アメリカ企業が一足飛びに、ダイバーシティ・マネジメントに飛びつき、それを通して競争力の再構築をやり遂げたというわけではない。最初のころは、企業の競争力の問題とダイバーシティ・マネジメントが密接に関連しているということすら、理解されてはいなかった。当初は、リストラや企業の競争力の再構築で、多くの暗中模索や試行錯誤が続けられていたのである。その第一歩が、すでにふれたように、それまでの景気循環で使っていたブルーカラーのレイオフに加えて手をつけはじめた、ホワイトカラーのレイオフである。そしてこれが、競争力の再構築とダイバーシティ・マネジメントを結びつけるはじまりとなる。

2　リストラ初期のダイバーシティ・マネジメント
　　──組織の人口動態の変化

　ホワイトカラーのリストラを本格的におこなうようになってすぐに、いくつかの課題に直面することになるが、その1つが、女性や年齢、あるいは特定の人種を理由とした解雇や配置転換は、法律上、許されないという点である。アメリカは、日本を含む先進諸国のなかでも、解雇がきわめて容易だというのは事実である。その背景に、契約における「当事者の意思の尊重」の原則が雇用にも応用され、「任意の雇用（Employment at Will）」という雇用主による解雇権が確立していることがある。

　OECD は、加盟各国における労働者の解雇の容易度を「雇用保護指標」（EPI: Employment Protection Indicators）として数値化しているが、その 2013 年のデータでは、アメリカは個別解雇が最も容易な国であった（OECD: 2013, Chapter2: Figure2.6）。ちなみに日本についていえば、OECD のデータベースをふまえると、2003 年にはドイツやフランスと並んで、加盟 34 国のなかでもっとも解雇の難しい国の 1 つとされていたが、2013 年には下位から 10 番目となっている。日本はこの 10 年で、急速に解雇がしやすい国になってきているようである（OECD）。

　話をもとに戻すと、アメリカでは雇用主による解雇権が確立しているといって、企業はいつでも簡単に、無条件で解雇ができるわけでもない。歴史の巡り合わせというべきか、ダイバーシティ・マネジメントのルーツである、人権の保護と組織における差別の禁止が、リストラの進め方に一定の歯止めをかけることになっていたのである。少しでも人権侵害と結びつくとみなされるような解雇は許されない。そこで企業は、解雇が人権侵害と絡められぬよう細心の注意を払い、公民権法の遵守のもとでの組織のスリム化をおこなう必要があったのである。

　ブルーカラーの解雇については、長年、全国労使関係法（National Labor Relation Act）にもとづく組合活動の保護のもと、一定の条件を満たすことで、

比較的容易に実施されてきた。同法は教員や航空会社の乗組員などを除くと、実質的に工場で働くブルーカラーを対象としたものである。同法にもとづけば、製造ラインの停止などによるブルーカラーのレイオフは、いっせいにおこなうことができる。「一時帰休」とも訳されるレイオフは、景気の悪化などによる操業の縮小にともなう、やむをえない「一時的」な措置とされ、状況の回復にともなう再雇用が約束される。ほとんどの場合、企業はブルーカラーの職能別組合と協定を結んでおり、通常は組合が、組合加盟年数で決まる序列（Seniority）にもとづいて、レイオフ（および再雇用）の対象を決めることになる。したがって、誰をレイオフするかの責任を、企業は組合側に転嫁できる。

　それに対して、ホワイトカラーは労働組合の組織率がきわめて低く、同法のもとでのレイオフとなる対象者は、ほとんど存在しない。そのようななか、かつてのアメリカの大企業では、ホワイトカラーの解雇は日本人が考えるほど簡単でもなかった。というのも、組合員ではないホワイトカラーを整理解雇や指名解雇する場合、だれをなぜ解雇するか、企業側に一義的な説明責任が発生することになるからである。

　すでにふれたように、アメリカでは、「任意の雇用（Employment at Will）」にもとづいて企業の解雇権が確立している。他方で企業は通常、就業規則や業務マニュアル、ガイドラインなどを従業員に渡し、職務の内容や責任範囲を記した職務記述書などを従業員と取り交わしている。また、このように文書化されていない内容であっても、社内で定着されているとみなされる組織文化や、面接や入社後の口頭によるコミュニケーションなどから、暗示的に契約の条件が取り交わされたとみなされることもある。このように文書化されたフォーマルなルールに加え、明文化されていないインフォーマルなルールも含めて、総合的に雇用関係ができているとされるのだが、そのような雇用関係の1つとして、多くの企業で、ホワイトカラーの雇用では一定の合理的な理由のもとに解雇権が行使されるとみなされていた。

　このような雇用関係のもと、業績や勤務態度に問題のある社員でも、いきなり突然に解雇ができるわけではなく、複数回にわたって注意や指導をおこ

ない、それを文書化し証拠を積み重ねたうえで、解雇に踏み切るという手順をとっていた。雇用主側は、時間をかけて一定の手続きを踏むことではじめて、解雇権を行使できるのである。訴訟社会として知られ、「泣き寝入り」の少ないアメリカでのホワイトカラーの解雇は、このように細心の注意を払い、手順を踏んで進められる。訴訟のリスクが小さくないからである。

　したがって、90年代に入って大規模なホワイトカラーのリストラが必要となったとき、それまでと同じような本人の業績や勤務態度を基準とした解雇で対応するのは、現実問題として実行困難な話だった。さらには、いまでは考えにくいことだが、AT&T、IBM、ウエスティングハウスなど、80年代から90年代にかけて大規模なリストラを進めたアメリカの伝統的な大企業の多くは、終身雇用に近い雇用形態をとっていて、それが組織文化のなかにも確立していただけでなく、明文化されていない雇用関係の一部とみなされる可能性もあった。

　そこでこれら伝統的な大企業では、ホワイトカラーの大規模なスリム化を、退職奨励金などによる希望退職制度からはじめることになる。部門の統廃合などで余剰人員が出た場合でも、ほとんどの場合、まずは社内の他部門への異動を斡旋するなどの努力と並行して実施した。ここで、おそらく意図していたわけではないと思われるが、ダイバーシティ・マネジメントの観点から注目すべきことが、これらアメリカの代表企業がダウンサイジングを進めるなかで起こりはじめる。白人男性管理職の比率が、わずかながら減りはじめるのである。

　当時はアメリカ企業でも、中間管理職は圧倒的に白人男性が占めていた。それより上の管理職ポストも同様である。希望退職制度がはじまると、好条件の転職先をすぐにみつけることのできた優秀な白人男性から先に退職しはじめることになる。残った白人男性のなかにも、優秀な人材がいなかったわけではないだろうが、平均的にいえば、真っ先に管理職をまかせようという人材ではなかった。それなら、いままでそういう目でみてこなかった女性やマイノリティ男性のなかに、むしろ優秀で管理職をまかせられる人材が少なくない、ということに組織として気がつくことになる。

　このようにして、これら優秀な白人男性社員が占めていた管理職のポジションが空くと同時に、女性やマイノリティにチャンスを与えることが増えはじめる。こうして、それまでの組織の構成バランスが崩れはじめたのである。余談だが、このようなことを経験した企業は、希望退職制度以外のホワイトカラーのリストラの手法を開発していく。解雇権を含む雇用関係についても、再定義が進む。

　なお、この段階ではまだ、ダイバーシティ・マネジメントが競争力の構築につながるという認識は生まれていない。2つが結びつくのは、人員削減にともなって進んだ、意思決定プロセスのフラット化と管理職の登用方法の変化、そしてこれらとともに進行した組織文化の変化のなかでのことである。これらが組み合わさることによって、それまで管理職層の中核を担ってきた白人男性と同じ程度の能力をもった人材がそれ以外にもいること、彼らを活用することで人件費の抑制と生産性の向上も可能なことがわかってくる。ここに至ってはじめて、ダイバーシティ・マネジメントが競争力の構築につながることへの認識の第一歩が生まれることになる。以下に、この展開を詳しくみてみたい。

3　同じ能力をもつ人材への区別の解消というダイバーシティ・マネジメント

　ホワイトカラーの人員削減と同時に進められたのが、意思決定プロセスのフラット化をともなう、組織構造と仕事の進め方の大きな転換である。かつてのアメリカ企業は、職能別組織（いわゆるU型組織）として知られ、日本企業が手本とした、上下関係や職務の範囲が厳格に規定された官僚機構的な意思決定プロセスをもっていた。課長の上に次長や部長がいて、さらにその上に、複数の部門を束ねる執行役がいる。決裁が必要な案件では、どの役職がどの範囲までの決裁をおこなえるかが明確に決まっており、この意思決定のレイヤー（層）を1つずつ上っていく。また経営トップが決めた方針は、それぞれの管理職の職責に分けて降りてくる。ホワイトカラーのリストラで

は、この管理職のレイヤーを大胆に減らし、1人1人の管理職の権限を増やすことになる。その後、企業規模の拡大とともに取り入れられた事業部制組織（M型組織）においても、それぞれの事業部ごとに、同様のレイヤーをもつ組織が構築された。

　このような重厚な意思決定プロセスのメリットは、責任が明確であいまいさがなく、ガバナンスが効き、間違いが少なくなることや、意思決定が透明で、悪い意味でのサプライズが減ることである。他方で、意思決定や調整に時間がかかるとともに、大胆な変化が起こりにくいことも難点であった。さて、意思決定プロセスのフラット化で、単純にレイヤーを減らし、管理職の数を大幅に減らせば、管理職1人当たりの仕事がそれまでにくらべて劇的に増えることにもなる。それまでの仕事のやり方に、ある程度の無駄はあったはずで、そのような無駄をなくすことで人員削減による仕事量の増加の一部には対応できる。そうだとしても、管理職を大幅に削減したあとで、これまで同様の仕事のやり方を続けてはパンクしてしまうことも明らかである。

　そこで、フラット化にあわせて、仕事の見直しや仕分けがはじまる。不要な仕事や無駄なプロセスを排するとともに、他社にまかせてコストを削減するアウトソースや、コンピュータや通信など情報技術（IT）への投資をおこなって省力化を補いはじめる。人件費以外のコスト削減の動きとも連動する。出張の代わりに電話会議が使われるようになったのも、また会議を補完するために、のちにグループウエアとして知られる情報共有手段が活用されはじめたのも、90年代に入ってからである。これらと、意思決定プロセスのフラット化を含む仕事のやり方の根本的な見直しが、一体的に進むようになる。アメリカ労働省のシーホルズらの研究によると、これらのリエンジニアリングを進めたアメリカ企業は、ホワイトカラーの1人当たりの生産性を、この20年で25％も上昇させることができたという（Shierholz and Mishel, 2013）。

　このような仕事の仕分けにともなって、もう1つの重要な展開が起こる。それは、人事施策など明文化された正式な（フォーマル）ルールと、社員のなかに慣習や組織文化としてできあがっていた、暗黙知としての（インフォ

ーマルな）ルールの変更である。どのような人材に、どのような仕事をまかせるか。どう評価するか。そのような仕事の割り当てや評価の先に、昇進やキャリア開発を含む、どのような処遇をおこなうか。多くの企業では、これらについて規定や施策など、明文化されたフォーマルなルールをもっている。またその実際の運用では、文章化されていない暗黙知にも頼っている。

これらフォーマル、インフォーマルなルールは、堅固で重厚な階層組織のなかでの仕事の分担や進め方というそれまでの組織構造を前提としているだけでなく、知らず知らずのうちに、それを担うマジョリティ人材である白人男性にとって、最もしっくりくるかたちでできあがっていた。一例を挙げると、アメリカ企業でも「接待」はあるが、とくに重要な接待では、自宅に招待して食事をともにしたり、ピクニックやスポーツ観戦をしたりという、双方の配偶者を巻き込んでの接待がおこなわれることがある。このような方法が好ましい接待であるという、明文化された規定はない。しかしアメリカでも、男性が仕事を、女性が家事を分担することがあたりまえの時代がそう遠い昔のことでもなかった。それはまた、白人男性が管理職をほぼ独占する時代でもあった。そのようななかで、このような慣習が経路依存的にできあがっていたのである。しかし企業が多様な人材の適材適所を進めるなかで、これらも変えていくことになる。フォーマルな施策がまず改められ、仕事の配分だけでなく、評価や育成、処遇や昇進などにおいても、これまでの延長線で進めないよう、明確な指針が出される。それに加えて、このような流れを是とする「空気」を醸成すべく、組織文化にもメスが入る。

このようにして、ホワイトカラーの人数を減らし、組織のレイヤーを減らし、意思決定プロセスをスリム化し、IT 化や仕事の仕分けをおこなう。そのなかで、組織をめぐるいくつかのことが変化していった。1つは、だれにどのような仕事をまかせるかについて、それまであった社内のルールが見直され、慣習が崩れていった点である。

すでにみたように、多くのアメリカ企業で 60 年代以降に、組織における人権問題を回避する必要から、恣意的な人事の起こりにくい「職務型」の人事制度が浸透していった。それでも、アメリカの伝統的な大企業では、昇進

を含む人材の配置は、組織的かつ慎重に、いまよりも時間をかけて進められていた。それは、より上級のポジションが求める職務は、その企業に特有の能力を必要とすると考えられていたからである。そのような能力を構築するためには組織内での経験が重視され、時間をかけて内部昇格をさせる組織が多かった。

　しかしこのころから、職務の求める能力にも変化がみられるようになる。その背景の１つは、すでに示したような、組織のスリム化とフラット化にともなう、組織全体の仕事の進め方の変化である。その企業に特有の仕事の仕方というものにこだわっていられなくなったのである。些末な例だが、多くの大企業では、トップへのプレゼンテーションでは、細部にまでこだわった、プロ仕様のスライドを作成するための専門の部門があった。パソコンでパワーポイントをつくり、そのままプロジェクターに映しだすことなど、夢物語の時代の話である。しかし、いまやそのような余計な手間をかけてはいられなくなる。あるいはかつては、関係部門との調整を時間をかけて十分におこなってから意思決定をしていたのに、いまやそのような手間もかけなくなる。

　こうして、より本質的、中核的な職務遂行能力さえ揃った人材であれば、組織の内部での経験がそれほどない若い人材にも、外部の人材にも、仕事をまかせるようになる。なんといっても、企業内での人口構成の変化や意思決定プロセスの簡素化、計画していた人材の退職、１人当たりの仕事量の増大などがあり、組織に人材の余裕がなく、背に腹は代えられないのだ。

　また組織文化、つまり暗黙のルールの変化も起こった。大胆なリストラで人員が減った組織で、これまでと同じようなやり方で仕事をしていては、時間がいくらあっても足りなくなる。効率的な仕事の進め方を考え、実践できる人材が求められていることを、組織の隅々まで浸透していく必要がある。そこで、これまでの仕事のやり方にどっぷりつかった白人男性から後任の管理職を選ぶという、いままでの人事に決別し、これまではあまりみられなかった、女性や非白人社員の「抜擢」も増えるようになる。

　この２つの動きを通して、管理職に占める女性や非白人男性社員の割合はさらに増えていったのだが、その過程で、３つ目のことが起こる。それは、

これらの登用された人材の多くが、期待に応える業績を上げていたというものである。女性や非白人男性の能力が白人男性に対してはじめから劣っていたわけではないこと、多くの組織で優秀な社員が少なからず埋もれていたこと、それまでの伝統的な人事施策のなかで、組織としてその能力を十分に発揮できるような環境を提供していなかっただけだったこと、などが組織のなかで1つずつ明らかになっていったのである。そしてこのような状況がしばらく続くことで、企業の人材の処遇をめぐる社会的な通念も、徐々に変わりはじめることになる。

　一方で、ニューヨークなど東部に本社を置く、古くからの伝統を誇るアメリカ企業では、希望退職に応じなかった中高年の白人男性社員の多くに、リストラ後の新組織への「適応障害」とでも呼べるような状況もあらわれはじめる。彼らの多くが保守的な企業文化のもと、伝統的な階層組織のなかでキャリアを積んできたことから、リストラ後のフラットな階層や相対的に増えた女性やマイノリティの同僚や上司、複数のリーダーのいる複雑なチームでの仕事にうまく適応できず、業績を上げることが難しい現実も明らかになる。そこで彼らの再教育の1つとして、ダイバーシティ・マネジメントを体系立てて研修することが必要となる。のちにダイバーシティ・マネジメントを進める際に重視されるようになった「インクルージョン（組織としての一体性）」の1つで、女性や非白人男性など多様な人材が上司や同僚、部下となって、これまで以上に成果を上げ続ける組織となるような新しい企業文化を定着させ、そのなかで個々の社員に高い業績を上げてもらうことをめざしたものである。このように、リストラの第一段階を経た多くのアメリカ企業において、組織における人材の多様性が結果として高まるとともに、そのような多様性のもとで社員に生産性を上げてもらうための施策も整いはじめる。

　この段階に至って、同じ能力をもった人材であれば、わざわざ白人男性にこだわる必要がないことが経験的に明らかになっていく。女性にも、非白人の男性にも、白人男性と同じ程度の能力と意欲をもっている人材はたくさんいる。リストラ前までは、彼らにチャンスを与えることを考える前に、まず先に白人男性にチャンスを与えていた。その結果として、同じ程度の能力を

もった女性や非白人の男性の能力を十分に活用していなかっただけだったのだ。

　もう1つ、重要なことも明らかになる。この一連の過程で、少なからぬ女性や非白人男性の生産性が高いことが明らかになった点である。白人男性にしかできないと思っていた仕事、とくに白人男性が多数を占めていた中間管理職の仕事を、これら女性や非白人男性が、白人男性と同様にこなしている。リストラのなかで賃金が抑制され、ポジションがカットされ、1人当たりの仕事量が増えたうえで、それが実現している。

　これは、1人当たりの賃金が抑制され、総人件費がかなり削減されたなかで、成果がこれまでと同等かそれ以上出ているということであり、労働生産性が上昇しはじめたことでもある。リストラが、効果を上げはじめているのだ。そのなかで、これまで白人男性を雇用するために、余計な手間と費用がかかっていたことも明らかになる。リストラで、より高い賃金を払っていた白人男性の中間管理職のかなりが組織を去ったあと、賃金が抑制されたうえに仕事量が増えても働いてくれる有能な人材の多くを、ダイバーシティ・マネジメントを通して、白人男性以外の人材のなかから発見したのである。

　これが、のちの章で詳しくふれる、「白人男性賃金プレミアム」と呼ばれる、白人男性とそれ以外とのあいだに明確に存在していた賃金格差が縮小しはじめた経緯でもある。本来であれば、白人男性以外にも、同じかそれ以上の能力をもった女性や非白人の人材がいて、与えられた職務よりも高度な仕事をできていたかもしれない。それにもかかわらず、それまで白人男性に偏って登用がおこなわれることで、「ガラスの天井」によって彼らの登用が阻まれていた。これは一方で、これら女性や非白人がより高いポジションに登用されることで給与が上がることを意味するとともに、他方で、最初から白人男性に加えて、女性や非白人で同程度の能力をもった人材にも活用の対象を広げていれば、対象者が増え、競争が増すことで、白人男性だけでポジションをまわしていたときよりも賃金水準を低く抑えることができていた可能性を示唆している。

　このようにして、同じ能力をもった人材であれば白人男性にこだわらない

というダイバーシティ・マネジメントを通して、アメリカにおける男性と女性や、白人と非白人の間に長く存在していた賃金格差が解消しはじめる。「白人男性賃金プレミアム」の縮小がはじまったのである。60 年代に、組織における人権問題へのコンプライアンスの観点からダイバーシティ・マネジメントがはじまった。これが 90 年代に入って、リエンジニアリングの一環として、同じ能力をもった人材であればだれでも積極的に活用するダイバーシティ・マネジメントの推進へと、新たな段階に入ったのである。苦境に陥っていたアメリカを代表する大企業の一部で、同じ能力をもった人材であれば区別しないというダイバーシティ・マネジメントが、組織のダウンサイジングとスリム化、経費の削減と結びついて、ホワイトカラーの生産性の改善という、経営上の課題に貢献しはじめたことを意味している。

4　多様な能力の効率的配置としてのダイバーシティ・マネジメント——国内の場合

リストラの最初の段階で、コスト削減とダウンサイジングを目的に組織をスリム化すれば、当然のこととして人材の層が薄くなり、仕事の重複も許されなくなる。人材を多数抱えた、余裕のある組織運営ができなくなるからである。その結果、同じ能力をもった人材なら白人男性でなくとも、女性でも非白人男性でもこだわらないという段階に続いて、異なる能力をもった人材を上手に采配することに気を配る必要が出てくる。少ない人数で、少しでも多くの仕事をこなすことをめざすためには、適材適所を徹底する必要があるからである。

たとえばプロ野球では、投手としては優れているが捕手には向いていないというような選手が活躍している。プロのサッカーチームでも、ミッドフィルダーとして走り回って活躍できるが、ゴールキーパーには向いていないといった選手が活躍している。このように、プロのチームでは、それぞれのポジションで、最も能力を発揮できる選手が活躍している。アマチュアのチームでは、なんでもできる選手が重宝されるだろうが、プロのチームでは、各

メンバーが特定の分野で傑出した能力をもっていることが求められる。そして優れた監督は、各メンバーの能力を見抜き、それを存分に発揮し、チームとしてうまく組み合わせて、優れた結果を出せるように采配する。

　プロスポーツの例は、ホワイトカラーの集団としての企業にもあてはまるのだろうか。ホワイトカラーの仕事では、1つの仕事を遂行するために求められる能力は多様なようにみえる。1つの仕事をするためには、同時に複数の能力が求められる。また、仕事ごとに必要な、能力の種類も水準も、多様である。さらに時代によって仕事も変化し、求められる能力も変わっていく。ホワイトカラーには、幅広い能力と、能力の幅を広げ、水準を高くできる柔軟性と拡張性をもち、異なる仕事をこなすことのできるオールラウンダーが求められるのではないか。このような考えもあって多くの日本企業では、時間をかけて多くの仕事を経験させ、そのような仕事のニーズに対応できる能力を構築させてきた。

　ある仕事を達成するために組織として最低限必要な仕事の量は、アメリカも日本もそう大きくは変わらない。日米で変わることがあるとすれば、どのような能力をもった人材にどう仕事を配分し、組み合わせ、成果に結びつけるかという、組織における采配をめぐるものである。アメリカのホワイトカラーは、自分の担当する職務の範囲を「職務記述書（ジョブ・デスクリプション）」として明確に文書化し、それにもとづいて評価や処遇がおこなわれるのに対し、日本ではその点がかなりあいまいである、ということが従来からいわれてきた。

　職務記述書（ジョブ・デスクリプション）にもとづくアメリカでは、そこに書かれたこと以外をやるインセンティブがないので、結果的に余計な仕事をする必要がないが、これは逆にいえばある仕事をするうえで必要な能力がより明確になりやすい。また、職務と給与が連動しているため、仕事の価値が金額であらわされるとともに、それが市場での価値とあまりにもかい離していると、市場での価値が安ければ組織が仕事を外部にまかせるアウトソーシングを、逆に高ければ労働者が外部に転職を考えることになり、そのようなプロセスを通して組織のなかに一定の市場メカニズムが入り込む。

　それに対して日本の組織では、どこまでが絶対に必要な仕事でどこからがそうではないのかあいまいなところも多く、必ず必要な能力とそれほど必要でもない能力との区別もつけにくい。その意味では、アメリカのホワイトカラー組織のほうが、どのような仕事にどのような能力が求められているかが、より簡単にわかる。そうであれば、よほどのマルチタスクの人材でもなければ、ある分野について高い専門性をもち、そうでない人材に比べて処理能力の高い人材に、その能力をより多く求められる仕事をまかせたほうが、そうでない場合よりもより多くの成果を出してもらえることになる。

　異なる能力をもった人材を適材適所で采配し、その能力をフルに発揮してもらうというのは、「言うが易くおこなうが難し」である。だれがどのような能力をもっているか、日頃からよく観察し、分析しておくことが必要なだけではない。職務記述書を準備するにあたり、それぞれの仕事で、どのような能力が必要かについても把握しておき、それをタイミングよくマッチングさせる必要がある。そのようなタイムリーな適材適所の采配を実際におこなうためには、人事部門の能力が相当に高くなくてはならないのではなかろうか。

　アメリカの企業がリストラの前後で急に人事部門に投資をおこない、多様な能力をもつ人材の配置をめぐってその能力が急に高まったという痕跡はない。もとよりアメリカ企業の人事部門は、日本の企業と異なり、直接に人事を担うのではなく、それぞれの部門が直接に責任をもつ採用や処遇のサポートを提供するスタッフ部門である。そこにリストラで組織のスリム化という大きな嵐が起こり、本社スタッフ部門としての人事自体もスリム化の波をこうむる。緻密な情報収集と分析をふまえた適材適所の采配に注力するどころではなかった、というのが正直なところではないか。

　実際に起こったことは、もっとシンプルなものだった。それは組織内で公募をおこない、職務を明記して必要な能力と処遇を示し希望者を募る、というものである。名乗り出た人材から適材を探し、仕事をまかせる。これによって、組織のなかの内部労働市場に一定の市場メカニズムを導入し、人材の流動化を促す。またこの過程で、各人材のもつスキルをデータベース化する

作業も同時に進められる。内部労働市場のメリットは、まったく知らない外部から人材を募集して探すよりも、応募者についてより正確な情報がコストをかけずに比較的容易に得られる点である。こうして多様な能力をもった人材を、組織内でより効率的に再配置し、適材適所を進めていったのである。

5　多様な能力の効率的配置としてのダイバーシティ・マネジメント——グローバル

　多様な能力の効率的配置としてのダイバーシティ・マネジメントは、もう1つの分野でも進む。それは、グローバルな次元で仕事と人材を最適配置しようという動きである。すでにみたように、リストラが進展するなかで、アメリカ国内で、多様な能力をもった人材を適材適所で活用することが進んだ。組織のスリム化の一環として、権限を委譲し、決裁を含む仕事のやり方をシンプルにする動きがはじまるのだが、その過程で、やるべき仕事とやらなくても困らない仕事の仕分けが起こる。自社でやったほうがよい仕事と、「アウトソーシング」をおこなって他の企業にまかせたほうがよい仕事や、国内でやったほうがよい仕事と、「オフショアリング」によって海外でおこなったほうがよい仕事に分ける。さらに多国籍経営を、従来からあった国ごとの現地法人として組織するやり方から、グローバルな次元での経営資源の最適化による「トランスナショナル」型へ移行することによって、世界的なレベルでの適材適所を実現する。こうして組織をあげて、仕事の棚卸と仕分けが進んだのである。

　アウトソーシングやオフショアリングというと、わが国では単純に、コスト削減をめざして製造や事務処理で一部の周辺的な業務を他社に外注したり（アウトソーシング）、海外移転したり（オフショアリング）するだけのことと考える向きが多い。しかし、それまで自社内で一貫してやっていた仕事の流れの一部を、海外に移したり、他社にやってもらったりするのは、そう簡単なことでもない。

　アウトソーシングについていえば、これが効率的に実現できるために必要

な第一歩は、現在の仕事の中身や流れ（行程）を「見える化」することである。そのうえで、現在の仕事の進め方よりも、もっと低いコストでより多くの成果を上げられるような、別の仕事の進め方がないかどうかを探す。仕事の見える化では、個々の職務を職務記述書（ジョブ・デスクリプション）として明確に文書化することの延長で、部門など複数の職務で構成される仕事の中身や行程をまとめ、これを文書化する。責任の所在を明確にし、仕事を切り分けやすくするとともに、各工程でどのような能力が必要かを確認することができるし、現在の仕事のやり方をあらためて見直し、もっと効率的な仕事のやり方がないかどうかを検討することができる。

　このような手順をとることで、自社よりも他社にまかせたほうがコストも安く効率もよい仕事を明らかにできるだけでなく、見積もりをとったり契約を交わしたりするうえで必要な仕様書もあいまいさを排し、円滑にアウトソースをすることができるようになる。自社のなかだけで仕事を進める際には、仕事の進め方や分担などがあいまいにされていても問題は起こりにくいが、他社にまかせる場合は、このようなあいまいさは問題となる。とくにアメリカのような契約社会では、どのような仕事をアウトソースするか、事前に明確に契約書のなかで文書化する必要がある。アウトソーシングは、そう簡単なことでもないのである。

　アメリカ企業が効率的なアウトソーシングやオフショアリングを進め、さらにその先にトランスナショナルな組織体制を構築し、それによってグローバルな次元で人材のダイバーシティ・マネジメントを実現するという一連の流れは、それが実際におこなわれている現場では、ある意味で場当たり的なコスト削減の窮余の策のように思われることもあったかもしれない。しかし、振り返ってみると、きわめて重要な経営上のイノベーションが起こっていたことになる。

　これが経営上のイノベーションであることを明らかにしたのは、以下に紹介するような、経営学における3つの研究である。正確にいえば、まずアウトソーシングやオフショアリングを進め、トランスナショナルな組織を模索しはじめたアメリカ企業の取り組みを分析する研究が進む。そこから、その

ような取り組みの意義を明らかにし、その成功と失敗の要因を導くことができるようになる。そこで提起された知見を活用できた企業は、さらに効率的に、アウトソーシングやオフショアリングを展開し、トランスナショナルな組織を構築できるようになる。

　こうした一連のプロセスを経てリエンジニアリングを実現できた企業が、経営上の重要なイノベーションを実現できた企業と認められるようになった。このような研究を通して、アウトソーシングやオフショアリングをうまく取り込んでリエンジニアリングを実現することの難しさと重要さを、より客観的に理解することが可能となる。多様な能力のグローバルな次元での効率的配置というダイバーシティ・マネジメントを実現することは、経営上のイノベーションを実現することと同義だったのである。その遂行にあたっては、経営上のイノベーションの要点となる、次の4つのポイントを押さえることが重要だ、ということでもある。

　1つ目は、企業のもつ競争の源泉をより厳密に見極める、自社の中核的な強み（コア・コンピタンス）の重要性である。90年代に入り、アメリカを代表する企業が競争力を失いはじめたときに、ミシガン大学のプラハラドとハメルが提唱した「コア・コンピタンス（Prahalad and Hamel, 1990）」という概念が注目される。それまでは、企業の業績を大きく決定するのは、競争状態を規定する市場構造だという考えが主流であった。産業組織論やSCPモデル、それをふまえたポーターの競争戦略論が、そのような議論を代表するものである。

　それに対し、ちょうどこのころ、資源ベース理論と呼ばれる、企業組織がもつ固有の経営資源（リソース）や能力（ケイパビリティ）の違いに注目した考察が進みはじめる。企業の競争力に結びつく特有の能力をコア・コンピタンス（中核的能力）としてとらえる見方は、仕事の仕分けにあたり、自社の強みをより活かせる仕事とそうでない仕事を見極めるうえで大いに役に立ったのである。

　2つ目は、「組織の範囲」、あるいは市場と組織の境界をめぐる研究の進展である。シカゴ大学のコース（Coase）やワシントン大学のノース（North）、

カリフォルニア大学のウイリアムソン（Williamson）らによる研究は、どのような仕事を自社の組織のなかでおこない、どのような仕事は社外に出すべきかについて、組織により精緻な指針を示せるようになった。ざっくりいえば、仕事をまかせるうえで必要な情報を簡単に共有できない場合、仕事を進める際に必要な材料・パーツがきわめて特殊だったり、求められている仕事のやり方や成果物が標準化されないものだったりした場合、そして仕事の頻度が高い場合などは、一連の仕事を自社の組織内でおこなったほうが、手間が少ない。それに対して、その逆の場合は、あまり手間をかけずに市場からの調達が可能である。したがって自社内でやったほうがいいか、アウトソーシングのような市場取引をしたほうがいいか、後者の場合はどの業者にまかせればよいかを、価格や品質などをもとに決定することが容易だ、というものである。

　たとえば、顧客の苦情処理業務をアウトソースするかどうかを検討する際、どのような企業にも共通の標準化された対応ですむ場合はアウトソースが簡単である。しかし、自社の商品の複雑な仕様についての知識がないと顧客の苦情が理解できないとか、社内の製品開発部門や法務部門との調整を経ないと顧客に対応方法が答えられないなどの場合、アウトソース先の企業に仕事をまかせるうえで必要な情報を簡単に共有できないし、仕事を進める際に必要な行程が特殊で、仕事のやり方も成果物も標準化されていない。もちろん仕事の頻度も高い。したがって、そう簡単にアウトソース先をみつけることもできないということがわかる。

　3つ目は、仕事のモジュール化、あるいは仕事と仕事の接合の標準化に関する分析である。仕事のモジュール化をめぐる考察は、製造業における製造過程の考察にさかのぼることができる。ペンシルバニア大学のウルリッチ（Ulrich, 1995）、西オーストラリア大学のサンチェスとイリノイ大学のマホニー（Sanchez and Mahoney, 1996）、東京大学の藤本隆宏（藤本, 2003）らによる分析により、従来の製造工程では、さまざまな部品やパーツが擦りあわされて不可分に統合されており、これをきれいに切り分けることが難しいこと、このような擦りあわせによって製品を作るための製造工程も、「垂直統合」と

して知られるような一連の統合された工程となっていること、そしてこの一連の統合された流れをうまくいかすために、これまでは暗黙知をベースにした知識の蓄積が重要な役割を果たしてきたことが明らかにされた。

　日本を含む海外との競争が激しさを増すなか、アメリカの製造業の一部で、このような従来からの仕事の進め方や、それにもとづく製品のつくり方を、根本から見直しはじめる。製品の設計の段階からそれまでの考え方と異なる設計思想を導入し、それまでのように、1つ1つ部品やパーツを擦りあわせてつくりこんでいくのではなく、パーツをモジュール化し、レゴ・ブロックのようにそれを組み合わせて製品をつくりあげるというもので、住宅の「ユニットバス」や「システムキッチン」の発想に似ている。

　風呂場や台所は、特注でつくりこむこともできる。しかしこの方法だと、大工の技術の熟練度によって、できばえに差が出るだけでなく、さまざまな材料を手配し、つくりこんでいく作業に、時間も手間もかかり、費用もかさむ。ある工程が終わるまで、次の工程をはじめることもできない行程では、左官や水回りなど、異なる分野の職人の日程調整の手間もかかる。しかし、工場で事前に大量生産し、それを現場に持っていって組み立てるだけの「ユニットバス」や「システムキッチン」を使えば、そのようなことを心配する必要がない。メーカーも量産できるので、品質を維持したうえで、コストを安くできる。

　同様のことが、パソコンや家電など、アメリカの製造業の一部で取り入れられるようになる。それまではパソコンも家電も、それぞれの製品ごとにたくさんの部品やパーツを擦りあわせながら組み立てていたため、最終製品の組み立てだけでなく、部品やパーツも自社で製造するなど、多くの作業を自社の垂直統合型の工場でおこなっていた。しかしこのやり方では、研究開発と製品の企画や設計に中核的な強み（コア・コンピタンス）をもっていても、部品やパーツの製造や、最終組み立てには、それほど競争力をもっていないことがわかってくる。といって、それまでの、つくりこみ型の工程では、各工程が継ぎ目なくつながっていて、そう簡単に各工程をばらすこともできない。

　そこで、製品の企画や設計の段階で、それまでのつくりこみ型の製品から、ユニットバスやレゴ・ブロックのような製品へと、製品の設計思想（アーキテクチャー）を転換することで、競争力の再構築に乗りだしたのである。部品やパーツをゼロからつくりこむ代わりに、これらを組み込んだモジュールをまずつくり、それをレゴ・ブロックのようにあわせていくことで、製品が完成できるように設計する。部品やパーツもなるべく標準的なものでつくれるようにする。各モジュールの接合部（インターフェース）の標準化を進め、前後の工程が別々に進められるようにする。こうして、パーツ間の擦りあわせや工程間の調整に要していた手間とコストを下げる。また、モジュールごとに外部の専門業者に製造を委託し、各モジュールの品質を維持しながら価格を下げる。モジュールを組み合わせて最終製品にする最終組み立ても、自社よりも安く効率的にできる場合は、他社にアウトソースする。こうして、製造過程を効率化し、納期を早くするとともに、費用を低減できるようになった。またこの流れのなかで、少なからぬアメリカの製造業が、製造部門（ファブ）をもたないファブレス企業へと転換し、それを通して競争力を再構築していったのである。

　製造過程でのモジュール化が進み、効率的なアウトソーシングができるようになると、これらの企業は、そのノウハウをホワイトカラーの仕事の効率化と生産性の向上にも応用しはじめる。ホワイトカラーの仕事の一部を、同様の手法でモジュール化し、各部門の仕事をレゴ・ブロックのようなまとまりとする。これによって、より効率的にアウトソーシングできるようになった。

　この話がダイバーシティ・マネジメントと深い関連性をもっているのは、この一連のプロセスでアメリカ企業が蓄積したノウハウが、経営資源の最適化という点で、ダイバーシティ・マネジメントを進めるうえで欠くことのできない必要な能力の1つだからである。同程度の能力であれば、生産性の高さにもとづいて、それが社内か社外かにかかわらず活用する。異なるさまざまな能力についても、それらを組み合わせる際の調整の手間とコストを低くしながら、それが社内か社外かにかかわらず活用し、効率的に組み合わせら

れるようにする。そのうえで、自社のもつ中核的な能力（コア・コンピタンス）を見極めて、事業と組織の範囲を定め、自社の経営資源を効率的に使うとともに、サプライヤーやファブなどを協力会社としてネットワークしていく。

　このような経営資源の効率的な采配は、アメリカ国内にとどまることなく、海外を巻き込んでいく。当初、アメリカの製造業におけるアウトソーシング先は、同じアメリカ国内の他社であった。しかし、このようなモジュール化が進むにつれ、アウトソーシング先を、より費用の安い海外に求める動きが出はじめる。このようにして、多様な能力の効率的配置としてのダイバーシティ・マネジメントが、自社内だけにとどまらず、海外の企業を巻き込んで進みはじめるのである。これが、90年代から急速に拡大するグローバル化の背景の1つである。

　競争力の再構築の一環としてアメリカ企業ではじまった、このような経営資源のグローバルな最適配置の動きについては、その意義が、2つの分野の研究で実証的に明らかにされてきた。1つが企業の組織形態に関するもので、代表的なものが、本書の冒頭で紹介した、バートレットとゴシャールによるグローバルな経営組織の分類である（Bartlett and Ghoshal, 1989）。それによると、グローバルに競争が激しくなるなかで、国ごとに異なる顧客の要求に応えていくためには、旧来のように、各国ごとに本社と同じような機能をもった現地法人を設け、それぞれの現地法人の社長のもとで意思決定をおこなっていては、人材をはじめとする資源のグローバルな次元での重複や意思決定の不統一が起こり、無駄が多すぎることが示された。そのうえで、世界中にちらばる経営資源を、各国別の現地法人単位で組織するのではなく、グローバルに1つの組織として最適配置するトランスナショナルな組織を構築することで、本当の意味でのグローバルな経営資源の適材適所が実現できるというものである。

　1989年に研究が発表された当初は、そのようなトランスナショナルな組織とは多分に机上の空論であったが、バートレットとゴシャールは、グローバルな次元での競争の激化において、多国籍企業の経営が従来のままでは立

ちいかなくなることを、企業の抱える経営資源の組織化の観点から見通していたといえる。その後の 20 年、アメリカを中心とした巨大な多国籍企業のリエンジニアリングのなかで、この概念の重要性は、現実に深まっている。

　もう 1 つは、産業組織論にルーツをもち、企業間の関係やサプライ・チェーンの成立や変化を生態系（エコシステム）としてとらえようとするものである。マサチューセッツ工科大学のスタージョンが明らかにしたように、90 年代からのアメリカ企業の製造業における競争力の再構築は、経営資源の最適配置と、旧来の垂直統合型組織の見直し、市場メカニズムの活用と、社外の経営資源との組み合わせを通して実現したものといえる（Sturgeon, 2002）。

　こうして、「多様性を効率的に活用するダイバーシティ・マネジメントで競争力を再構築する」ことは、国内の次元にとどまらず、国境を越えた次元でも進みはじめた。振り返ってみると、ダイバーシティ・マネジメントは、組織のダウンサイジングにはじまり、意思決定の階層（レイヤー）のフラット化、アウトソーシングやオフショアリング、仕事のモジュール化などとともに、90 年代のアメリカ企業における競争力の再構築の試みのなかで生みだされた。そして、ダイバーシティ・マネジメントは、これらの一連のリエンジニアリングの試みを、人材という経営資源の最適配置を通して支えるために、欠くことのできない経営上のイノベーションの 1 つであったといえる。少ない人材でも、多様性を活かすことで、これまでと同等かそれ以上の成果を出せるという、経営課題と結びついたダイバーシティ・マネジメントの新たな面への認識が深まってくるようになったのである。

6　ダイバーシティ・マネジメントとイノベーション

　ここまでの展開を、もう一度、振り返ってみる。まずリストラの初期に、白人男性が多くを占めていた管理職のポストに、優秀な白人男性から先に退職することで空席が出はじめる。組織に残った優秀な人材で補充を進めるなかで、結果的に、白人男性以外の人材の登用が進んだ。これにより、同じ程度の能力をもった人材であればあえて白人男性にこだわらないという、同程

度の能力をもつ人材の差別・区別を減らすダイバーシティ・マネジメントが広がりはじめる。

　次に、スリムになった組織では、ムダな人材の配置ができないこと、したがってさまざまな能力をもった人材を適材適所で配置することが、それまでになく重要となった。そこで、組織の中核的な強みを見極め、企業特殊な仕事を必要最小限に抑え、市場のメカニズムを組織に持ち込み、これを人材の最適化に使う。また、自社と他社との仕事の分担の最適化にも取り入れる。こうして、組織のなかの限られた人材を最適配置するとともに、組織の外の多様な能力も組み合わせて活用することで業績を向上させる。このようにして多様な能力を効率的に活用するダイバーシティ・マネジメントが、もう1つの意義として認識されるようになったのである。

　異なる能力をもった人材をうまく活用することで、イノベーションを起こし、新たな企業価値を生みだすという可能性が高くなることに企業が気づきはじめたのは、そのあとの、比較的最近のことである。どの企業でも通常、リストラの第1段階は、緊急の救命処置である。コストの削減が至上命題となる。キャッシュフローをあげ、赤字の出ないような費用構造を回復させ、企業として存続するメドを立てることが、まずもって必要だからである。ダウンサイジングをおこなって人員を減らし、組織をスリム化し、経費を削減し、賃金を抑制する。資産を処理して債務を減らすことも進める。

　しかしそれだけでは、企業の未来は切り開けない。第2段階として、持続的な成長をもたらすための、新たな競争力の構築が必要となる。人員削減による縮小均衡に終わらない、事業と組織のより本質的な再構築である。これまで長く続けてきた事業への思い入れを横に置き、冷静に、競争力が弱く、将来性の低い事業に見切りをつける。競争力をもち、引き続き稼ぐことのできる分野に、持続可能性を高めるために必要な、最低限の投資をおこなう。そのうえで、自社の強みを活かせる新たな成長分野を育てるための戦略的投資をおこなう。その過程で、仕事のやり方を見直し、部門の再編をおこない、組織の分割や合併もおこなう。このような競争力の「再」構築は、初期におこなうリストラと区別して、リエンジニアリングと呼ばれることが多い。

　競争力に問題があって赤字が出はじめ、人員削減を余儀なくされたアメリカの主要企業は、とりあえずのリストラで身軽になる。その過程で組織としての中核的な強みを確認し、それをふまえて選択と集中をおこない、経営資源を最適活用するダイバーシティ・マネジメントで、リエンジニアリングの第1段階を終える。とはいえ、かつてにくらべて人材も資金も削られていて、将来の大きな成長は、簡単には見通せない。どこを探せば、新たな競争力が構築できるというのだろう。

　しかも 90 年代のアメリカ企業は、個々の企業の競争力の問題だけでなく、アメリカ経済として製造業における比較優位を失い、産業構造の転換が求められるという、難しい構造的な課題にも直面していた。その内容は、先にふれた『大統領産業競争力委員会』報告書やハドソン研究所の『Workforce 2000』が詳述しているとおりである。これらの分析はいずれも、個々の企業の競争力低下の原因の一部は、アメリカ経済が構造的に、製造業への比較優位を失いはじめることからきていることを示していた。長期的には、今後のアメリカ経済の牽引役を、より知識集約的で付加価値の高いサービス産業や、サービスと融合し高度化した製造業への構造転換のなかでみつけていく必要性を示すものでもあり、それにともなって、経済全体として必要な人材や能力が、これまでと変化していくことを意味するものでもあった。他方で、アメリカの人口動態の長期的な変化も明らかであった。女性の労働参加の拡大に加え、ヒスパニックやアジア系の人口が増え、これまで企業の中核を担っていた WASP と呼ばれる白人男性の比率が相対的に減少し、労働市場の多様化が進むことも予想されていたのである。

7　ダイバーシティ・マネジメントと製品開発をめぐる
　　イノベーション

　さて、アメリカで起こされるイノベーションというと、アップルのジョブズやフェイスブックのザッカーバーグのような、大学をドロップアウトした天才的な若者が、ひとりで独創的な技術上の革新を起こし、産業に大きなブ

レーク・スルーをもたらすというイメージがある。しかし競争力の問題が起こる前までのアメリカでは、優れたイノベーションは、巨大企業が担うというのが常識となっていた。ボーイングや IBM、ゼロックスや GE などが、多数の優秀な研究者を抱え、潤沢な資金をつぎ込んで、長期的な観点で研究開発への投資をおこなう。組織をあげて商品化し、時代を切り開くような新しい製品やサービスを顧客に提供するというものである。80 年代後半に、これらアメリカの代表的な先端企業を襲った競争力の危機は、このようなやり方が突然、機能しなくなったということなのだろうか。また、なぜこの問題が、ダイバーシティ・マネジメントと関係すると考えられるようになったのだろうか。

人材の多様性とイノベーションをめぐる実証研究は緒についたばかりで、まだわかっていないことが多い。異文化マネジメントからのダイバーシティ・マネジメントの研究でふれたように、そもそも組織における多様性は、イノベーションを起こすどころか、対立や混乱を起こしたり、それを回避するための余計な手間がかかったりすることが多いとされていた。この分野に関して、アメリカを中心に蓄積されてきた研究を幅広く文献レビューした石川淳（石川、2015）が明らかにしたように、多様性がイノベーションにつながるという研究結果（Ancona and Caldwell, 1992; Bantel and Jackson, 1989）もたしかにあるが、その一方で、逆に連携ができなくなったり、対立が高まったりして、イノベーションに結びつくとはいえないと結論したものも多い（Greer, Jehn, and Mannix, 2008; Harrison, *et al.*, 2002, など）。

それでも、かなりのことがわかってきている。イノベーションは、多くの場合、1 人の孤独な天才が突然変異のように起こし、それがあっという間に世のなかに普及するというものではない。新しいアイデアが生みだされ、それが時代を変える商品やサービスとして普及するまでには、一連のステップがあり、それを可能とするような人材や組織のつながりがあり、それを支える社会的な制度がある。これまでの知識が研究を通して体系的に蓄積され、教育を通して次の世代に伝わることが必要なのはいうまでもない。その上に、他人と違う考えや行動への寛容、リスクをとって新しいことを生みだすこと

への肯定的な評価、競争の重要性など、イノベーションを促し育む社会的な要因が文化や慣習のなかに根づいていることが必要である。知的所有権の保護や成果に対する報酬といった金銭的なインセンティブの制度化も重要である。そのうえで、アイデアが目利きを通して選ばれ、リスク・マネーを得て事業化され、価値を生むまでに必要なさまざまな一連の役割が効果的に担われなくてはならない。

　先にみたように、少し前まで、アメリカの製造業では、基幹となる部品やパーツは自社内で製造し、これを使って最終製品まで製造するという、「垂直統合型」の価値連鎖が主流であった。研究開発も、それと同様に自前主義が主流だった。大学との産学連携や、国防予算などを通した政府の研究開発支援が果たす役割は明らかだ。しかしこれらを除くと、研究開発投資にはじまるイノベーションをめぐる一連の役割は、企業が自前で賄うものとされていた。そのため、企業の規模が大きいほど、イノベーションを生みだす優位性をもつと考えられていた。大企業ほど研究投資の規模も大きくなり、イノベーションをめぐる一連の役割も、自社内で担うことができるからである。

　しかし80年代後半から90年代なかごろまでのアメリカの巨大企業は、日本を含む海外のライバル企業の提供する安くて品質も良い製品の前に、イノベーションを起こして競争力を発揮することができなかった。それに対して日本企業は、ソニーのウォークマンや松下電器のホーム・ベーカリーなど、それまでにない商品を開発し、世界中の市場に提供しているだけでなく、製造工程の改善や製品の品質の向上など、みえないところでもイノベーションを起こしていた。

　一橋大学の野中郁次郎と竹内弘高は、このような日米企業の組織の次元でのイノベーション能力の違いについての実証的な分析から、興味深い洞察を導いた（野中・竹内、1996）。部署ごとにまた個人ごとに、仕事の分担と責任が明確なアメリカ企業にくらべ、それがあいまいな日本企業では、垣根を低くして、いわゆる「ワイワイガヤガヤ」と情報を交換し共有できる場合、さまざまな暗黙知が蓄積され、結合される。それによって新たな知識が生まれ、形式知として組織内に蓄積され、イノベーションにつながる。この一連の知

識創造プロセスを、「SECI モデル」として提起した。

　ハーバード大学のクリステンセンは、役割分担の明確なアメリカの企業では、大企業になればなるほど革新的なイノベーションを起こしにくくなることを発見した。大企業は、既存の技術の延長線上で、組織的かつ計画的に研究開発活動をおこなっている。これによって既存の技術を漸進的に改良するイノベーションを実現できる。しかし非連続的で革新的なイノベーションには消極的になりやすい。というのも、革新的なイノベーションによって提供される新しい商品やサービスは、自社内の既存の事業との激しい競合（カニバリゼーション、共食い）が起こることが想定され、社内で路線の対立や新規事業の妨害などが起こりやすいからである。これを「イノベーションのジレンマ」（Christensen, 1997）と呼んだ。ダイバーシティ・マネジメントの観点からは、せっかくの組織の多様性が、組織として活かせていない状況である。

　カリフォルニア大学のサクセニアンは、情報通信産業の発展のパターンが、東海岸と西海岸で際立って異なっていることに気づいた（Saxenian, 1994）。ボストン郊外の環状 128 号線は、ハーバード大学やマサチューセッツ工科大学をはじめとした多くの大学に近接し、産学連携に便利な立地であることもあって、1960 年代以降、DEC、GET、ハネウエル、EMC、ワングなど、アメリカを代表するハイテク企業の研究開発拠点や本社を立地するようになった。カリフォルニアのシリコンバレーがいまほど知られるまでは、「ハイテク産業の集積地」として一世を風靡するほどの存在だったのである。

　しかし 80 年代以降に劇的に起こった「情報革命」の多くは、環状 128 号線からではなく、シリコンバレーから生まれたものだった。サクセニアンは、128 号線に立地する大企業と、シリコンバレーに立地するベンチャー企業群とのイノベーションのパターンを比較し、まだシリコンバレーがいまほど知られていない 90 年代初頭にあって、重要な示唆を導く。環状 128 号線では、それまでのアメリカの大企業に伝統的な、自前主義の研究開発が続いているのに対し、シリコンバレーでは、企業組織の枠を超えた地域的でオープンなネットワークと集積のなかで進んでいる、というものである。サクセニアンはここから、伝統的な「128 号線」型の企業のイノベーションモデルの限界

と、「シリコンバレー」型の、企業の枠を超えたイノベーションモデルの可能性を論じた。

　その後、128号線とシリコンバレーのあいだに、さらに大きな違いが生まれたのは承知のとおりである。シリコンバレーが揺りかごとなって、インターネットとそれを使った技術が生みだされ、蒸気機関に代表される19世紀の産業革命を超える情報革命が起こった。そして、グーグルやサン、シスコなど、それらを生みだした企業の多くがシリコンバレーで誕生し、その後も次々と革新的なイノベーションが続いている。

　カリフォルニア大学のチェスブロウは、「シリコンバレー」型のイノベーションを、情報の交換と知識の創造の流れから、オープン・イノベーションという概念であらためて考察している（Chesbrough, 2006）。シリコンバレーでは、地域全体のレベルで、いわば野中らが示した「SECIモデル」が機能し、知識が創造され、それが新たな価値をもつ製品やサービスとして提供されるまでに必要なプロセスを実現しているといえるのかもしれない。

　これらの展開は、あらためてイノベーションにおける「社会的なネットワーク」の重要性を想起させた。スタンフォード大学のグラノヴェッターが、「弱い紐帯の強み」という概念を打ちだして、多様な人間のあいだで社会的に緩やかな人間関係（Weak Ties）を構築することの重要性を明らかにしたのは、いまから40年以上も前のことであった（Granovetter, 1973）。自身の博士論文の研究として、ホワイトカラーがどのように職を得たかについて調べたところ、家族や友人など緊密な関係をもった人からの情報よりも、それほど緊密な関係ではない人からの情報のほうが有益だったということが明らかになる。緊密な関係をもつ人間同士では、似たような情報ばかりが集まり、新しい情報にふれる機会が少ないのに対し、そうではない人間関係からはより気づきの多い情報を得ることができる。この「弱い紐帯の強み」の発見は、その後の社会ネットワーク理論やソーシャル・キャピタル理論の構築に至る重要な貢献となる。グラノヴェッター自身、2005年の研究で、「弱い紐帯の強み」をあらためてサクセニアンの「シリコンバレーと128号線」の比較考察に応用し、シリコンバレーにおける緩やかなつながりがイノベーションに

有効にはたらいた可能性を示唆している（Granovetter, 2005）。

　なぜこれらが、ダイバーシティ・マネジメントに関係するといえるのだろう。第1に、イノベーションを起こし続けるためには、多様な能力をもち、多様な役割を担う人材の「協力」と「競争」が必要だということである。第2に、自社のなかだけで多様性をもつよりも、社外も含めた多様性のネットワークを構築し活用できれば、より大胆で革新的なイノベーションが生まれる可能性がある。

　かつては、多くの優秀な人材を自社の組織のなかに抱えることが、そのような人材をもたないライバルに対する競争力の源泉となると考えられていた。そのため、資金力もあり、人材も抱え込める巨大企業ほど、イノベーションを起こす優位をもつと考えられていた時代があった。しかし90年代に、アメリカ企業が競争力を再構築するなかで明白になったのは、それがイノベーションを起こすための唯一無二の方法ではなかったという点である。もっといえば、自社で多くの人材を抱え込む自前主義では、漸進的なイノベーションは可能だが、非連続的で革新的なイノベーションは起こりにくい。「イノベーションのジレンマ」があるからである。それに対し、組織を超えた多様な人材のネットワークのなかでは、競争と協調がより広範に起こりうる。そこから、大胆で革新的なイノベーションが生まれる可能性が大きい。

　第3に、多様な能力は、ただそれを抱えているだけではイノベーションを起こせるわけではない、あるいはイノベーションを起こしてもそれを活用できるわけではない、という点である。多様な能力が活性化し、うまく刺激しあってイノベーションに至り、それを活用できるためには、組織の内部にある人材や外部の人材をうまく組み合わせるノウハウや、それが可能となる制度が必要である。

8　ダイバーシティ・マネジメントと経営のイノベーション

　ここに至って、ダイバーシティ・マネジメントとイノベーションの関係は、2階建ての構造をもっていることが理解される。1階部分をなすのが、多様

な人材である。人材の多様性は、イノベーションを生みだす必要条件だからである。しかし1階部分だけでは、イノベーションが起こる可能性があるというところまでである。その可能性を現実のものとするためには、人材の多様性をうまく活かせる能力、すなわち、ダイバーシティをマネジメントする力が必要である。これが2階部分にあたる。このような能力は、組織ごとに必要なだけでなく、サクセニアンやチェスブロウらが示唆するように、組織を超えて、組織や個人をつなぐなかでも求められるものである。そこで以下に、アメリカ企業の競争力の再構築を、この2階部分に焦点をあてながら概観する。

　クリステンセンの「イノベーションのジレンマ」は、大きな組織になればなるほど、競合する利害を調整するなかでイノベーションの芽が摘まれるという、経営上の問題であることを示していた。研究開発部門がせっかく革新的な技術を開発し、これまでにない商品やサービスを構想しても、既存の商品やサービスとの社内での共食いを恐れる経営層がそのような革新的なイノベーションを評価できなかったり、そもそもそのような革新的な研究開発に人材と資金を投下することをためらったりしていたからである。

　このような、経営層の直面する課題は、競争が激しくなり、それまでの延長線上に自社の将来を構想することが難しくなってきた局面において必要とされる、経営者の能力とも関係する。どこまで、それまでの自社の戦略の延長上に将来を描き、どこからそれを否定したところに将来を描くか。それを決断するには、大きな変化の流れを見極め、新たな方向性を探し、自社の掲げてきたビジョンやミッションのもと、具体的な目標を定め、それに向かって戦略を練り、組織をあげて、また組織を超えて、これを実行することが必要となる。そしてそのような戦略の1つとして、ダイバーシティ・マネジメントが位置づけられることになる。

　アメリカ企業では、意思決定がトップダウンだといわれる。しかし現実には、トップが好き放題に何でも決めているわけでもない。ハーバード大学のビーアとノーリアは、大きな問題を抱え大胆な変化が必要な状況に直面して、多くの企業は、株主価値を最大化させるべくトップダウンで改革をおこなう

という「Ｅ理論（Theory E）」と、組織のもつ能力や文化、特性を活かしてボトムアップの変革を進めるという「Ｏ理論（Theory O）」のあいだで二者択一のジレンマに陥りがちなことを示した（Beer and Noria, 2000）。Ｅ理論は、経済価値（Economic Value）、Ｏ理論は組織能力（Organizational Capability）のそれぞれの頭文字をとったものである。二者択一のジレンマに揺れるということは、アメリカ企業といえども、Ｅ理論だけでは動いていないことを意味する。そして組織能力は、巨大な船が航路を変更することの難しさをもつことと似ている。長い時間をかけて、ある方向に向けて発揮されていたら、そう簡単に、まったく違う方向に舵を切ることができない。

とくに東部の伝統的な大企業では、Ｏ理論の示唆するような、巨大組織のもつ「慣性の法則」が強かった。社長や役員も、内部から昇格する生え抜きが多い。同じ組織のなかで、長い時間をかけて育成されてきた経営陣は、自社や業界のことを熟知し、安定した経営ができ、優秀な社員たちへのモチベーションともなるというプラス要素が認められていたからである。しかしこれらの内部人材は、平時にあっては優秀な能吏として大組織を経営できるが、90年代からの競争の激しくなった時代にふさわしい、大胆な舵の切り方ができにくい。改革のアイデアも、これまでの延長線上にしか将来構想が描けない。これまでと違うアイデアが出てきても、自社のこれまでのやり方では対応できないとか、自社の強みを活かしていないとか、社内で競合してしまうなどと難をつける。

いわゆる過去の「成功体験」に縛られた行動と称されるが、社会学的には、できあがった組織文化に行動が「埋め込まれ（Embed）」た状況とされ、経済学的には、これまでの蓄積を「埋没費用」として処理できない自縛状態ともいえる。アメリカの企業においても、このような力は存在した。競争力の再構築では、これまでとは大きく異なる新たな目標や、その実現のための戦略が掲げられる。それがいままでと異なれば異なるほど、「想定内」で仕事をすることになれてきた人材にとって「慣性の法則」がはたらき、変化への抵抗力となって、その実現を阻むことになる。新たな方向性を示せず、根本的な方向転換ができず、業績がさらに悪化する。大きな方向転換には、大きな

エネルギーが必要である。経営の次元でも、イノベーションのジレンマが起こりやすいのである。

　このような問題への対処方法として、経営層の次元でのダイバーシティ・マネジメントと、それによる経営のイノベーションが起こりはじめることになる。危機を乗り越え、新しい可能性を実現するために必要な能力をもった経営陣を、通常の内部からの順当な昇格候補者だけにこだわらず、ひろく外部や若手も含めて探すというものである。このような方法を通して、経営層のダイバーシティが実現し、これがうまくできた企業は、その競争力再構築と結びつくことになる。

　この責務を担ったのが取締役会であった。取締役会は、大胆な事業の再構築を進めることができない内部昇格の経営陣に退陣を迫り、危機をチャンスとできる新しい経営陣を内外から幅広く探し登用することにより、結果として経営層の多様性が実現しはじめる。最も有名な例が、90 年代はじめに経営危機に陥った IBM であろう。当時の社長だったエーカーズは、1960 年に IBM に就職し、内部昇進で頭角をあらわしたエースだった。1985 年に CEO に就任したエーカーズは、IBM の事業と組織を隅々まで熟知し、バランス感覚に優れ、手堅い経営を進め、同社の社風を体現するリーダーとして知られていた。しかし同社が 80 年代後半に直面した未曽有の危機でエーカーズが打ち出した解決策は、漸進的な、新味に欠けるもので、しかも小出しに出されていた。

　その結果、同社はエーカーズのもとでズルズルと業績を悪化させる。1993 年には、アメリカの経営史上で最大という 80 億ドルの赤字を計上し、存亡の危機に直面するのである。ここで取締役会は、同社はじまって以来のトップ人事を断行する。まったく畑違いの食品メーカー、ナビスコ社の社長をしていたガースナーが IBM の CEO に招かれたのである。その後、ガースナーが同社をみごとによみがえらせたことは、よく知られている。大胆なリストラを断行して、止血をするとともに、それまで大型コンピュータの製造販売が主体だった同社を、情報サービス中心の企業へと構造転換し、新たな競争優位を確立したのである。

同様のことが、少なからぬ企業でも試みられた。このような動きは、アメリカの企業経営者が「プロ化」し、「Ｅ理論」ばかりをトップダウンで追求していく過程のようにもみなせる。しかし、先のビーアとノーリアが明らかにした示唆は、「Ｅ理論」と「Ｏ理論」からの二者択一ではなく、双方の融合の重要性である。「２階部分」としての組織の能力が「Ｅ理論」から導かれる方角に向かって発揮されなければ、新たな価値が生みだされないからである。そして内部昇格のトップは、どちらかというと「Ｏ理論」により多くを立脚しがちなのに対し、プロの経営者は、冷静に双方をバランスさせることができるというものである。

　ニューヨーク州立大学のカイザーの実証研究は、アメリカ企業が競争力を再構築することと並行して進展した、企業経営は「プロの経営者」が担うという認識の広がる過程をよく示している（Keiser, 2004）。60 年代前半のアメリカ企業の CEO 職は、圧倒的に内部昇格者が多く、入社後、平均 27 年かけてトップにのぼりつめていた。それが四半世紀たった 80 年代後半には、入社時にすでに複数の企業の幹部ポジションを経験したあとに、より上級のポジションで入社する人材の割合が高くなっている。それにともなって、トップに至るまでの平均期間も、60 年代前半に比べ、80 年代後半では 10 年以上も短くなっていた。

　これは別の観点からは、多様な能力をもった人材を適材適所で使う、という組織のダイバーシティ・マネジメントが、経営層のレベルに到達したことを示しているともいえる。組織の内外に広く経営者としての適材を求めることを通して、経営層でも多様な人材を活用するダイバーシティ・マネジメントが実現する。現場の第一線や中間管理職のレベルで人材の多様性を実現し、生産性の向上とイノベーションの促進につなげたのに加え、トップ・マネジメントのレベルでも経営者の生産性の向上と経営者による経営のイノベーションがはじまり、多くのアメリカ企業で、経営の質が向上する。これによって、アメリカにおける産業競争力の再構築と、産業構造の転換が大きく実現していく。このように、アメリカにおける競争力の再構築に、ダイバーシティ・マネジメントは多面的に貢献してきたのである。

4

人材の登用と企業の業績

- ・ダイバーシティ・マネジメントと企業の業績との関係は、生産関数と市場メカニズムから導かれる。
  - ・市場が完全競争的であるとき、短期的には、生産要素を効率的に使って生産できない企業は、業績が悪化する。
  - ・生産要素をより効率的に使って生産できる企業は、価格が一定のもとで利潤を拡大するか、他に先駆けて価格を安くして売り上げを拡大することを通して、業績を向上させることができる。
  - ・産業組織上の寡占や、イノベーションを通した財やビジネスモデルの差別化に成功し、市場が完全競争的でない状況を一定の期間つくりだすことができれば、そのあいだに超過利潤を生みだし、業績を上げることができる。
  - ・生産要素も財も、競争的な市場で取り引きされている場合、賃金は労働の限界生産力に近似することを反映した組織運営をおこなうことで、業績を向上できる。

　これまで、ダイバーシティ・マネジメントをめぐる関心の深まりと質的な変遷や、そこに至るアメリカや欧州、そして日本における歴史的な展開をみてきた。そのなかで、ダイバーシティ・マネジメントが、職場における人材の差別的な登用という人権問題にはじまり、国際化による異文化経営のもとでの多様な人材の活用の問題と絡み、グローバル競争の激化のなかでの競争力の再構築と結びつくに至る経緯が明らかになった。

　ここからいよいよ本書の本題である、ダイバーシティ・マネジメントと企業の業績との関係をめぐる理論的な考察に入る。ダイバーシティ・マネジメントが、企業の業績向上に結びつくとしたら、それはなぜか。どのようなメカニズムを通して、ダイバーシティ・マネジメントは業績を向上させること

ができるのだろうか。この点については、経済学を使い、ステップを踏んで明快な考察をおこなうと、多くの重要な示唆を導くことができる。そして、本書の前半でみてきた企業の取り組みが、なぜ、その目的の実現に適った合理的な行動であるかを、理解することができる。

さて、企業組織、なかでも組織を構成する人材の行動を、経済学を使って分析することができるのだろうか。かつてこの分野は、社会学や心理学の独壇場と考えられたこともあった。しかし企業の活動は、市場から資本や労働、材料などの生産要素を調達し、それを使って生産活動をおこない、できあがった財（商品やサービス）を市場で提供する。その意味で、市場を通した価値の交換と資源の配分という、経済的な活動である。

夢や情熱に突き動かされて事業をおこなう経営者も、少なくないだろう。それでも市場が競争的である限り、夢や情熱だけでは組織は続かない。どんなに自分が歌を歌うことに夢や情熱をもっていても、お金を払って聴いてくれる聴衆がいなければ、プロとして生活ができないのと似ている。この場合の聴衆は顧客であり、その顧客がお金を払ってまで聴きたいというような「価値」を歌い手が提供できなければ、プロの歌手として持続的に活躍することができない。同様に、顧客に価値を提供し、そのためにかかった費用を回収し、利潤を上げ続けることがなければ、企業として組織を維持することができない。この点で、企業活動は経済合理性の上に持続するものである。この点で、企業がおこなう意思決定は、経済合理性をもったものでなくてはならない。

組織を構成する人材の行動を、経済学を使って分析することについては、次の3点で、その重要性が認められるようになってきた。第1に、人材の採配は、その他の生産要素の採配と同様に、経済合理性にもとづいておこなわれる必要がある。人材は、組織のなかで、分業体制のもとでの生産に従事する。したがって、人材の雇用や採配が適切におこなわれていなければ、資源の無駄遣いが起こり、生産性が下がり、コストが上昇し、競争力が低くなる。そして人材と資本という経営資源をライバル企業にくらべて適材適所で活用せず、無駄遣いをすれば、市場においてライバルとの競争に勝つことができ

ず、業績を上げることができない。

　第2に、組織における人間の行動原理の多くは、自分や組織の利益の増大をめざすという動機にもとづいておこなわれるとみなされる。組織における人間の行動のなかには、義理や人情、好き嫌いなどの感情や、直感、審美眼や第五感など、感性の果たす役割も大きい。しかし、そのような行動ですら、注意深く観察すると、多くの場合、一貫性をもっていることがわかる。

　たとえばわれわれは、食べ物や服装、人間関係や趣味などについて、「好き嫌い」の感情をもっていて、それが合理的である必要はないと考えている。それでも好き嫌いには一定のパターンがあり、そのパターンが、毎日、大きく変動するわけでもない。また通常、好きなことは繰り返しおこないたいと考え、嫌いなことは避けたいと考える。つまり、好き嫌いの基準のもとで、合理的で一貫性のある行動をとっているとみなせる。このように、「利益の増大」の対象を、お金や物質的な利益に限らず、このような感性にまで広げた場合、感性にしたがって行動する人間も、そのような感性のもとでの「利益の増大」をめざした行動をしていることになる。その点で、まさに経済学の分析対象となるのである。

　第3に、経済学それ自体の進歩がある。近年、経済学は、ゲーム理論やそれにもとづく制度分析、心理学と結びついた心理経済学、複雑系の理論を取り入れた進化経済学など、資源配分と価値の交換をめぐる意思決定を考察する学問体系として、近隣学問領域を巻き込みながら大きく発展してきた。経営学と経済学の融合も進んでいる。このような分析枠組みとしての進歩にともない、これまで分析の対象としにくかった組織のなかのダイナミズムについての詳しい考察をおこなうことができるようになってきたのである。

　そこで以下のように、順序立てて明らかにしたい。まず本章で一般論として、業績の向上とは何を指すのか、企業はどのようにすれば業績の向上を実現できるのか、わけても企業の組織を構成する人材と、企業の業績の向上とのあいだにどのような関係があるのか、について考察をおこなう。具体的には、まず、企業の活動を経済学の観点から概観する。そのうえで、労働をめぐる需要と供給との関係、および生産性との関係について考察する。先に種

明かしをすれば、経営資源をうまく使いながら、正しい方向に向かって経営をおこなえば、業績は上がる。

　そのうえで、次章以降において、どのようなダイバーシティ・マネジメントをおこなうとどのように業績を向上できるのかについて、より立ち入った考察をおこなう。なお、本章とそれに続く考察では、経済学の理論から導かれる考察のうち、理論と実証研究の蓄積により一般化された定理とみなせるものを「命題」として示す。定理、あるいは命題は、研究者が勝手につくっているのではなく、多くの観察をもとに実証されたとみなされているもので、多くの現象を説明するうえでも、また、未来を予測するうえでもきわめて役に立つ。

　また、理論をふまえ成立することが推論されるが、これからの実証が待たれるものについては「仮説」として提起する。命題のような一般性を十分にもつだろうと予測されるものの、それが定着するには、まだ、多くの実証研究が必要で、場合によっては、何らかの修正が必要となるかもしれないからである。そうはいっても、現段階では、多くの現象を説明するうえでも、また、未来を予測するうえでも、一定の説得力をもって役に立つはずである。

1　企業の活動をどうとらえるか

　そもそも、企業が業績を持続的に向上させるとは、どのような状態をさすのだろう。また、それはどのような指標で測ることができるのだろうか。そしてもちろん、何をすれば業績を持続的に向上させられるのか。顧客はきまぐれで、何が売れるか予測しがたい。市場には、経済学者が描くような需要曲線と供給曲線が明確にあるわけでもなく、両者の関係がつねに明快というわけでもない。組織は、複雑な利害や感情をもった多くの人間が、からみあった関係のなかで仕事をしている。規模の大きな企業になればなるほど、このようななかで業績を上げようとするためには、売り上げや利益、利益率などの数字の変化に加え、顧客の満足度、社員の士気、取引先との関係、地域社会への貢献など、複合的にとらえながら事業を進めていく必要がある。そ

のなかで業績の向上を確認するためには、KPI（Key Performance Indicator：重要業績指標）として知られる、定量的ならびに定性的な、さまざまな管理項目を使いながら分析をし、把握をする必要があるのではないか。

　このような議論には、たしかに一理がある。他方で、問題をもっと簡単に考えることもできる。それは、企業活動を経済活動ととらえ、「生産関数」から考察することである。企業は、労働と資本という「生産要素」を投入し、それを組織のなかで組み合わせ、価値ある財をつくりだすという生産活動をおこなっている。生産に必要なものは、労働と資本の2種類しかないというと奇異に思う向きもあるが、資本のなかに材料や設備が含まれるので、この2つに集約できる。すると企業の活動は、次のような生産関数の式としてあらわすことができる。

$$y = f(k,\ l) \qquad (y：生産量、k：資本、l：労働)$$

　これは、生産に必要な生産要素である労働（l と表記）と、資本（k と表記）を、どれだけ使うか（すなわち投入量）が決まると、生産量（y）が決まることを示している。1単位（たとえば商品1個）を生産するのに、労働と資本がどのくらい必要かということも明らかになる。そして、労働と資本の投入を2倍に増やせば、生産量も2倍に増えるというように、生産要素の投入を一定の割合で増やすと、生産量も一定の割合で増えるということも示している。

　これはまた、労働の投入を変えずに、資本の投入だけを2倍、3倍と増やしても、生産量は2倍、3倍と増えないことを意味している。もちろん資本の投入を変えずに、労働の投入だけを2倍、3倍と増やしても同様である。たとえば、秘書を雇い、鉛筆と電話とノートだけを使って仕事をしてもらっていたとする。そこにパソコンという資本を投下したら、生産量はパソコンを使わなかったときにくらべて拡大する。秘書にパソコンを使ってもらう、すなわち資本を秘書に投下すると、生産に関する技術の水準が高くなり、生

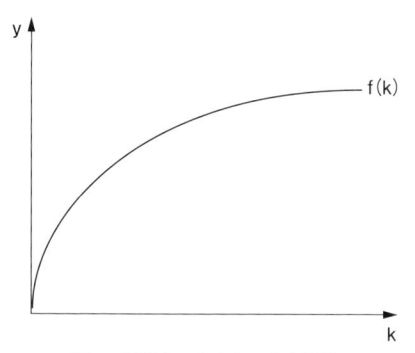

図3　労働者1人当たり生産関数

産性が劇的に上がるからである。

　しかし同じ秘書にさらに資本を投下し、2台目のパソコンを使ってもらったら、何が起こるか。生産量は少し増えるかもしれないが、2倍にはならないだろう。これは、労働者1人当たりでみると、1台目のパソコンに相当する資本の投下で、労働者の生産性は最も劇的に上昇するが、それ以上の資本を投下しても、生産量はそれほど増えないという、限界生産力の逓減が起こっていることを意味する。これは生産関数の両辺を労働で割ることで得られる、労働者1人当たりの生産関数によって明らかにすることができる。縦軸に示す1人当たりの生産量は、横軸にとる労働者1人当たりに投下される資本によって決まるが、その関係が、規模に関して収穫逓減（資本を増やせば生産量も増えるが、その増え方は緩やかになっていく）であることが明らかにできる。

　人材と業績の関係をめぐる考察で重要なのは、経営資源の組み合わせには、最も効率的な組み合わせの配分ポイントが存在するという点である。少し細かな話になるが、労働と資本の組み合わせでいえば、企業がどれだけ利益を上げ、そこから投資に回せるかを示す投資率と、時間の経過とともに投下された資本のストックが消耗することをふまえた減価償却をもとに、労働者1人当たりの資本の均衡水準を求めることができる。これを定常状態と呼ぶ。これ以上、労働者に資本を投下しても、労働者1人当たりの生産量の増加よりも、減価償却が上回ることになり、資本を投下する意味がなくなる。別の

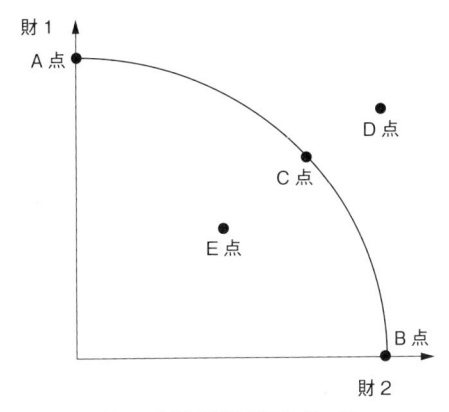

図4　生産可能性フロンティア

言い方をすれば、イノベーションにより、技術革新がもたらされなければ、労働者１人当たりの生産性の向上が見込めないということでもある。

　生産関数は、もう１つの重要な視点を提供する。「生産可能性フロンティア」の概念である。ある企業が労働と資本を効率的に組み合わせて生産をおこなうと、時間当たりで、ある商品（財１）を最大で 10 個、別の商品（財２）を最大で 15 個、つくることができるとする。それぞれの商品（財）ごとに生産関数が成立しているわけだが、これを１つの図にあらわすと、図４のようになる。

　この企業が、人材と資本という生産要素をすべて、財１の生産だけに使えば、１時間当たりで最大で 10 個まで生産することができる、ということを示したのがA点である。同じように、財２の生産に特化して生産できる最大限が 15 個だが、B点がこれを示している。そしてA点とB点を結ぶ曲線が、この企業が人材と資本からなる生産要素を使って生産できる２つの財の、最大限の生産量を示している。たとえばこの曲線上にあるC点では、財１を５個、財２を７個、同時に生産できることを示している。他方でD点のように、この曲線の外側にあるような財の生産は不可能である。そのような生産水準を実現するのに必要な生産要素を、企業として持ち合わせていないからである。

もちろん、生産要素を効率的に使わない場合は、1時間当たりの生産量はもっと少なくなる。これが、この曲線の内側で示された領域の意味である。たとえばE点で示されるような財1と財2の生産は可能である。しかしこれは、生産要素を効率的に使っていないことを示している。というのも、同じ生産要素を使って、C点において、もっと多くの財をつくりだすことができるからである。そして生産要素を効率的に使うためには、市場においては競争を通した市場メカニズムを働かせることで実現できるが、組織においては、経営者の采配にかかっている。ハーバード大学のチャンドラーはこの点を、管理職を含む経営層を「見える手」と呼び、アダム・スミスが「神の見えざる手」と呼んだ、市場を通した資源配分と対比し、組織における資源配分メカニズムでの経営の役割を示した（Chandler, 1977）。生産要素を効率的に使って、その企業として可能な最大限の生産を実現できるかどうかは、経営の采配にかかっているのである。

2　企業が業績を上げるとは

　生産関数を使うことで、どのような生産要素をどのくらい投入すれば、どれだけの生産量を上げられるかについて考察できることが明らかになった。それにより、企業の生産活動は、労働と資本の組み合わせによっておこなわれていること、ある技術水準のもとでは、この2つの生産要素の効率的な組み合わせ方があること、そのような生産要素の組み合わせを実現できるかどうかは、経営の采配にかかっていることが理解された。しかしここまでの話には、生産したものが売れるのか、売れるとしていくらで売れるのか、という話が欠けている。

　企業からすれば、生産にかかった費用（すなわち、1つの財を生産するために必要な、労働と資本からなる生産要素のコスト）に利潤を加えた、いわゆる生産者価格で売ることができれば、どれほど楽なことだろう。しかし現実は、そう簡単ではない。経済学では、価格は市場において、需要と供給によって決まることになっているが、それ以上のことは明らかではない。経営

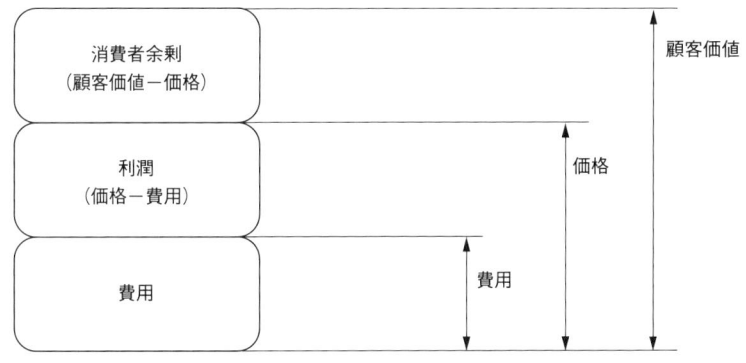

図5 ポーターによる顧客価値、価格、利潤、費用の関係図

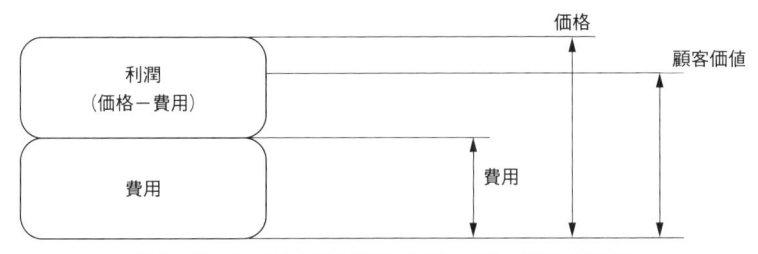

図6 ポーターによる顧客価値、価格、利潤、費用の関係図
——ガラパゴス製品のケース

学では、ポーター（Porter, 1980）が価格を、顧客価値（V、または Customer
Value）の観点からあらためてとらえなおした。これによれば、顧客価値
（V）が価格（P、Price）を上回るとき、売買が成立する。もちろん価格
（P）は、生産にかかった費用（C、Cost）を回収したうえで利潤（Pr、
Profit）を上げられる水準に設定する必要がある。この関係を示したのが、
図5である。

　ここから、業績を上げるための方策が明らかになる。まず、価格を上回る
顧客価値を提供しなくては、顧客は企業から財を購入しないので、企業とし
て存在することすらできない。少し前に、日本でガラパゴス家電が話題にな
った。つくり手側の思いが高じて、多くの機能を盛り込んだ家電製品である。
顧客価値と価格の観点からいえば、海外の顧客の多くには、日本の顧客ほど、
これらの商品の価値が評価されなかった。海外市場が見込めないため、その

分を見込んだ大量生産もできず、製造コストを下げられない。結果的に、日本のマーケットに特化した、やや割高な商品となったのである。この例からもわかるように、顧客価値が価格を下回れば、市場で製品として持続的に販売することが難しくなる。この関係を示したのが、図6である。

そのうえで短期的には、ライバルよりも少ない生産要素の投入で、同じ製品やサービスをつくりだし、同じ価格で売ることができれば、当然ながら、費用（C）がライバルよりも下がるわけで、売り上げ1個当たりの自社の利益（Pr）は、ライバルよりも大きくなる。ポーターはこの状態を極限まで進めることのできる企業のことを、価格上のリーダーシップをとる企業であるといった（Porter, 1980）。これをふまえ、経済学の次の命題を、あらためて確認することができる。

> 命題1A：市場が完全競争的であるとき、短期的には、一方で生産要素を効率的に使って生産できない企業は、業績が悪化する。他方で、生産要素をより効率的に使って生産できる企業は、価格が一定のもとで利潤を拡大するか、他に先駆けて価格を安くして売り上げを拡大することを通して、業績を向上させることができる。

この命題は、2つの重要な示唆を導く。1つは、生産要素を効率的に使って生産できない企業が何も手を打てないでいると、企業としての存続が危ぶまれるというものである。経営者のなかには、金銭的な儲けではなく、夢や情熱に突き動かされて事業をおこなうこともあるかもしれないということはすでに述べた。しかしそうであっても、経済合理性を無視し、生産要素を効率的に使った生産をおこなわないと業績が悪化する。そして長期的には、企業の存続すらできなくなる。

もう1つは、一部の企業が他の企業よりも生産要素をうまく効率的に使い、より安いコストで生産できる可能性である。部品や材料などの在庫管理を徹底する、生産工程を見直す、新しい生産技術を開発する、人材の適材適所を徹底するなど、さまざまな創意工夫をおこなうことによって、資本や人材な

どの経営資源をライバル企業よりもさらに無駄なく、効率的に使って生産する。それができれば、コストが下がり、他社を上回る業績を上げることができる。これは、生産工程や仕事の分担などを含む経営資源の采配の稚拙が業績を左右するというもので、優れた経営をおこなえば業績が上がり、そうでなければ業績が下がる、という当然のことを確認するものである。

　ここから先は、経営学と経済学で、着目する点が分かれる。経営学では、どのような采配が優れた経営か、どうすればそのような優れた経営を持続できるか、それによって短期的な競争優位を少しでも長く続けることができるか、という点が重要なテーマとなる。それに対して経済学では、企業の経営の優劣によるそのような違いは、あくまでも一時的な、短期的な現象だと考える。競争が十分に激しければ、長期的には淘汰が進む。経済合理性を無視した経営を続ければ、市場からの退場を余儀なくされる。そして残った企業は、いずれも優れた経営を続けたことで残った企業である。したがって、長期的には、企業の経営に大きな優劣が生まれる余地はないだろうというものである。そこから次のような命題も生まれる。

　　命題1B：市場が完全競争的であるとき、生産要素を効率的に使って生産できない企業は、長期的には、市場からの退出圧力を受け、生産要素を効率的に使って生産できる企業のみが市場で生き残る。完全競争的な市場において、生き残った企業は超過利潤を生まず、市場は均衡的である。

　競争的な市場において、企業は利益をまったく出すことができない、といっているわけではない。といって、簡単に利益が出せるわけでも、ましてや業績を伸ばせるわけでもない。この2つ目の命題は、競争の厳しい市場では、競争の少ない寡占市場で生むことのできるような、いわゆる「レント」として知られる「超過」的な利潤は期待できないことを示しているのである。

　市場における競争が激しければ激しいほど、簡単に利益を出すことができるわけでもないというのは、直感的にも理解できることだろう。油断をし、

生産に資源を無駄遣いすれば、競争的な市場のもと需要と供給のせめぎあいのなかで決まる均衡価格では、利益を上げるどころか費用を回収することすらできなくなり、市場からの撤退が待ち受けている。これはたとえていえば、大学受験のようなものだ。多くのライバルと一点を争う激しい競争をしているケースを思い起こしてほしい。受験で生き残るには、なによりも効率的に、合格するために必要なことだけに集中して勉強を進めなくてはならない。無駄なことに時間とエネルギーを浪費することはできないのである。

あらためてこの命題の重要な示唆を確認すれば、「企業は、競争の激しい市場で業績を上げるためには、経営資源を浪費できない」という点に集約できる。企業の生産活動における無駄なこととは、生産に必要な人材や資本など、生産要素を無駄遣いすることであり、やらなくてもいい余計なことをやることである。生産要素を効率的に使うことではじめて、企業としての長期的な存続が可能となる。そしてはじめて、余計なことをやり続け、資源の無駄遣いをしている企業からビジネスを奪い、業績を上げることができる。

他方で、優れた経営者は、経済学者の想定する長期的な均衡状態を座して待つのではなく、あらゆる創意工夫を重ねて、そのような状態に至らないよう努力するものだという点も確認できる。だから短期的な観点として、生産要素をより効率的に使って生産できる企業は、価格が一定のもとで利潤を拡大するか、他に先駆けて価格を安くして売り上げを拡大することを通して、業績を向上させることができる、ということが明らかになったのである。そしてもう1つ、企業は完全競争を回避しようとすることすら、戦略的に可能である。この点が、次に示す、不完全競争市場のもとでの企業業績の向上である。

3　企業が業績を上げるとは――不完全競争市場の場合

競争の激しい市場においても、生産要素をより効率的に使って生産できる企業は、価格が一定のもとで利潤を拡大するか、他に先駆けて価格を安くして売り上げを拡大することを通して、業績を向上させることができることが

明らかになった。それに加えて企業は、もう1つの方法で、業績を上げることをめざすことができる。それは、ライバルが真似のできないような差別化された商品やサービスをつくりだすというものである。これは、顧客価値（V）をより大きくするもので、ポーターはこのような企業の努力を、差別化戦略と呼んだ（Porter, 1980）。

　普通の携帯電話よりも、革新的な技術を使ったスマートフォンのほうが、顧客価値が高いとする。そうであれば、普及品の携帯電話よりもスマートフォンのほうが、高い値段で売ることができる。同様に、ブランド品のセーターの顧客価値が普及品のセーターのそれよりも大きければ、ブランド品のセーターは普及品のセーターよりも高い値段で売れる。いずれも顧客が、差別化された商品により高い価値を認めるからである。このように個々の企業は、商品の企画や研究開発、販路の工夫や宣伝などで努力を重ねることによって、差別化された商品を市場に出すことができる。それにより、差別化されていない標準的な商品で激しい競争を戦う代わりに、競争のそれほど激しくない市場（これを不完全競争市場と呼ぶ）で、差別化された自社の商品を提供し、業績を上げようとするのである。

　競争の激しさは、業界がもつ特性によっても異なる。たとえば鉄道、通信、金融のようなインフラ産業や、巨額の研究開発投資の必要な航空宇宙産業や製薬業、大規模な製造設備の必要な自動車産業などは、産業の構造上の特徴から、新規参入も撤退も自由にできるわけではない。そして参入や撤退が簡単にできない産業は、一般に、参入や撤退が比較的簡単な産業に比べ、競争はそれほど激しくはない。流通サービスも、ネットワークを各地に張りめぐらすことが必要な場合、そのために多くの先行投資が求められることから参入や撤退が容易ではなく、競争が緩やかである。他方で、研究開発や製造設備、そして流通に一定の投資が必要なため、かつてはある程度の参入障壁があるとされていた家電などは、製品のコモディティ化と製造技術の標準化、製造のファブレス化などもあり、近年は競争がより厳しくなってきたとされる。

　生産に関する技術についても、業界を通して同じという前提は、現実的で

はない。高度な技術をもった企業もあれば、そうでない企業もある。企業は、絶え間ない技術革新競争をおこない、新たな技術を生みだし、これを新商品の開発や製造過程に使うことで、自社の商品の付加価値を高めたり、製造コストを下げたりしながら、ライバルと差別化をおこない、先行者としての利潤を上げることができる。さらには顧客も企業も、取引に関する情報が完全に行きわたっているわけではないし、各自の利得を最大化するという基準にもとづいて判断をおこなうものの、限定合理的である。このように、完全競争的な市場の考察で想定していた前提を緩めると、次のような命題が導ける。

　命題2：産業組織上の寡占や、イノベーションを通した財やビジネスモデルの差別化に成功し、市場が完全競争的でない状況を一定の期間つくりだすことができれば、その間に超過利潤を生みだし、業績を上げることができる。

　完全競争のもとでの市場をめぐる考察で、企業の行動を短期と長期に分けて考察したこととは異なり、不完全競争のもとでの市場をめぐる考察では、企業の行動を短期と長期に分けて考察する必要は少ない。というのも、この命題の冒頭にも示されているように、産業組織上の寡占や、財やビジネスモデルの差別化による不完全競争の状態は、それが続くための前提が成立している限りにおいて、市場の「不完全」な競争状態と、そのような競争状態のもとでの企業の行動が考察されているからである。換言すれば、たとえば政府の規制緩和や技術革新などによって、そのような前提が成立しなくなれば、市場はより競争的になり、命題1で示されるような状況が生まれることになる。
　さてこの命題も、いくつかの重要な示唆をもつ。1つはハーバード大学のベイン（Bain, 1959）や、それに続く研究者たちによって、SCPモデルとして知られる産業組織論に体系化されるなかで明らかにされたものである。それは、ライバルを排し、参入障壁を高め、製品の差別化をおこない、市場集中度を高め、いわゆる寡占や独占の状況をつくりだすことができれば、競争が

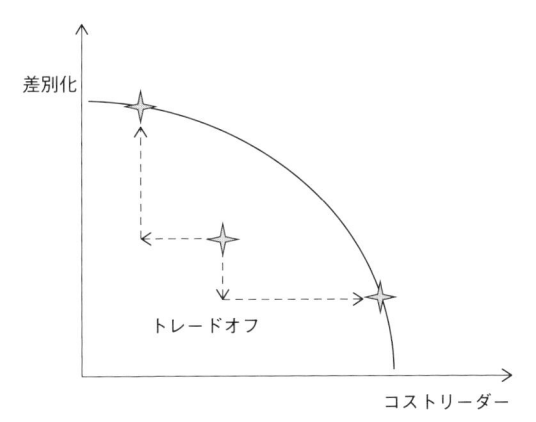

図7　ポーターによる、差別化戦略とコスト戦略の関係図

少なく、それにともなって価格も高く設定でき、大きな利益を上げることができる、というものである。

　ポーターは、これをさらに洗練された競争戦略のフレームワークにまとめた（Porter, 1980）。それによると、企業は市場をよく分析し、そのなかで自社の提供する商品・サービスを差別化して顧客価値を高くし、短期的な寡占状況をつくりだす（差別化戦略）か、逆に標準的な商品やサービスを、規模を拡大して生産コストを抑え、それによって価格を下げ、市場占有率を上げるという2つの方法をとることができる。このいずれによっても、市場のなかで有利なポジショニングをとり、業績を上げることができることを示した。

　業績向上をめぐるこのような示唆は、直接には、企業が提供する商品・サービスの市場でのポジショニングの問題である。本書の主題であるダイバーシティ・マネジメントとは、まったく関係のないもののようにみえる。しかしこの命題も、1つ前の命題1と同様に、経済学からは長期的な均衡に至るまでの一時的な現象ととらえられるものの、経営学からは別の示唆が導かれる。すなわち、優れた経営者のもとで、経営資源を巧みに活用できた優れた組織は、それ以外の平均的な企業にはできない差別化を成功させ、それによって業績を上げることができるというものである。

　そのような企業は、経営資源を活用して創意工夫を生みだし、完全競争を

回避することができる。そのような優れた戦略を構想し実行する能力を企業が組織としてもつためには、限られた経営資源をいかにうまく活用できるかがカギとなるわけで、この点にダイバーシティ・マネジメントの重要性が認められる。

　財やビジネスモデルの差別化を生みだすためには、「イノベーション」が必要である。同業他社と同じことをしていては、差別化はできない。イノベーションは、おおきく３つの分野で起こりうる。１つは商品をめぐるものである。新たな商品を開発し、これまでにない価値を生みだし、差別化を実現する。次に製造過程でのイノベーションがある。これまでと同じ財を、これまでより少ない生産要素や、より速いスピードでつくりだすことができる。これを実現できると、差別化だけでなく、コストリーダーシップにも貢献する。

　最後に、経営上のイノベーションがある。これによって仕事の流れを変えたり、ビジネスモデルを再構築したり、サプライ・チェーンに代表される企業間関係を効率化したりすることと、自社の組織がもつ経営資源の強みを組み合わせて、総合的な競争力の再構築ができる。これらはいずれも、イノベーションによって何らかの差別化をし、完全競争からの戦略的な回避をおこない、超過利潤を実現し、業績を向上することができることを意味している。そしてイノベーションは、本書の主題であるダイバーシティ・マネジメントと、少なからぬ関係があると考えられる。この点については、以降の章であらためて考察する。

　また、特定の分野への政府による補助金や減税など、政策的な介入に代表される例外的な場合を除き、機能する市場においては、企業が不完全競争の状況を長く維持すること（すなわち、長期にわたって差別化を続けること）は並大抵のことではないという示唆も導ける。したがって、差別化がうまくいって業績を上げられたといっても、慢心して経営資源の無駄遣いを続けることは難しい。ある企業がイノベーションを起こし、業績を向上させることのできるような不完全競争的な市場を生みだすことができて超過利潤が生まれると、通常はかならず、ライバル企業がそのようなやり方を自社でも模倣

したり、あるいは自社で別のイノベーションを生みだしたりすることで、そのような状況を長く独り占めさせないような行動をとるからである。

4　効率的に経営資源を使うとは

　このように、業績を上げるためには、経営資源を無駄遣いせず、適材適所で活用することだ、という点が明らかになったところで、ではどうやったら経営資源を適材適所で活用できるというのだろうか。そもそも、経営資源を適材適所で活用しているとは、どういう状況なのか。なにをもって、経営資源を適材適所で使っているといえるのだろう。この点についてはあえて単純化していえば、以下の命題をもとに、労働生産性と賃金を物差しに使って考察することができる。

　　命題3：労働などの生産要素も、労働によって生みだされる財（製品やサービス）も、競争的な市場で取り引きされている場合、賃金は労働の限界生産力（たとえば賃金が時給で支払われる場合、さらに1時間余計に仕事をすることで生みだされる生産の価値）に近似する。

　「労働市場」という言葉は存在する。しかし労働は、リンゴやミカンや株式の売買のように、日々刻々と変わる需要と供給を反映して値段が変化する、競争的な市場で取り引きされる商品と同列には扱えないのではないだろうか。ミカンやリンゴは、色や形から、美味しそうか、熟れているか、腐った不良品ではないか、などを確認することができる。その際、だれがつくったかを考える必要はない。それに対して、労働をめぐる取引では、たとえば労働の買い手である企業は、リンゴやミカンや株式の取引とは異なり、これから買おうとする労働を提供してくれる労働者のことを知る必要がある。信用できる人物だろうか。ちゃんと仕事をしてくれるのだろうか。履歴書に書かれた情報や、入社試験の点数、面接などからは、労働者がどのような能力をもち、どの程度の成果（生産力）を出してくれるかを事前に見抜くヒントはみつけ

られる。しかし実際に期待通り、働いてくれるのかを見抜くことは容易でないし、働く側も、自分がもつ能力のすべてについて知っているわけではない。労働者と企業とのあいだに、「情報の非対称性」という大きな問題が存在するからである。

　仮に、能力をもった人材を雇うことができても、それだけではまだ不十分である。労働者は、能力がどれだけあっても、やる気（動機）がなければ、その能力を使って成果を出してくれない。そこで評価や給与、昇給などを使って、やる気（動機）を出してもらうための仕掛けが必要となる。これを「管理とインセンティブ」と呼ぶ。固定給か歩合給か、固定給であっても働いた時間に比例する時間給か、働いた時間ではなく職務や成果を反映した給与か、本人の能力や年功にもとづく給与かなど、企業側がどのような給与制度を使うかによっても、労働者がもてる能力をどの程度、発揮して仕事をするかというインセンティブとなる。

　どんな仕事を与え、どう評価し、昇進の機会を与えるか、という采配によっても、労働者のやる気（動機）が変わり、それによって生産力にも変化が出る。シカゴ大学のベッカー（Becker, 1971）が人的資本の理論で示したように、企業が人材に、教育、研修や職場での実地訓練（OJT）などの機会の提供という投資をおこなうことで、能力を高め、生産性を向上させることもできる。さらには、工場の組み立てラインでの仕事は、どの程度の生産性を上げているかが一目瞭然だが、間接部門の仕事では、そう簡単ではない場合が多い。そこで、賃金の決定には市場的な競争のメカニズムがはたらきにくく、命題3に示したような、賃金と生産性との関係は、現実には明らかではないのではないか、というものである。

　それでも大きくは、賃金は労働の限界生産力に近似するということが、多くの実証研究で確認されてきた。先にふれたベッカーの人的資本論は、企業が研修やOJTなどによって人材へ投資をおこなうことの影響を勘案すれば、賃金と労働の限界生産力のあいだに大きなギャップはないことを示唆する。スタンフォード大学のラジアー（Lazear, 1979）は、日本の企業に多くみられるような年功型の賃金を、後払い制の賃金体系と明らかにし、その分を生涯

で均すと、賃金と労働の限界生産力のあいだに大きなギャップはないことを示した。一橋大学の児玉直美と日本大学の小滝一彦は、このラジアーの提唱した方法をもとに、わが国の年功賃金制度のもとでの賃金が生産性と一致することを実証的に示した（Kodama and Odaki, 2012）。

　この背景にあるのが、市場の力である。企業が生産活動を通してつくりだした商品やサービスを、競争的な市場において販売できるためには、生産に必要な労働や資本といった生産要素を上手に使わなければ、余計なコストがかかり、競争力が低くなる。同じ商品やサービスをつくりだすのに、ライバル企業よりも無駄な仕事をしたり、高い給与を払ったりして生産要素の無駄遣いをすれば、当然ながら、生産コストが高くなる。これは換言すれば、労働や資本の生産性が、ライバル企業より低くなっているということである。したがって、賃金を指標に使うことで、組織が、経営資源を無駄遣いせず、適材適所で活用しているかどうかを明らかにすることができる。そして、人材という経営資源をうまく使いながら、正しい方向に向かって経営をおこなえば、業績は上がるわけである。

5

「同一財」をめぐるダイバーシティ・
マネジメントと企業業績

> ・同じ能力をもった人材は「同一財」とみなされる。
> ・「同一財」としての労働は、市場メカニズムが働く場合、「一物一価」の法
>   則があてはまるような市場からの圧力により、「同一労働、同一賃金」が実
>   現する。
> ・企業自身の理由により、市場メカニズムを無視し、あえて割高な「プレミ
>   アム」を特定の人材に支払う「差別的な選好」をおこなうこともある。
> ・競争的な市場では、差別的な選好は長期的には続かない。
> ・日本では、競争から隔てられていたり、社会的な規範が強かったりして、
>   差別的な選好を続けている可能性がある。
> ・そのような状況にあっても、いずれ変化は起こると考えられる。

　前章で、企業が業績を上げるためには、経営資源を効率的に使うことが必要だという当たり前のことを、あらためて確認した。いうまでもなく、人材は企業にとって最も重要な経営資源の1つである。まともな経営者であれば、人材を無駄に使うはずはないのではないか。

　それに先立つ2つの章で、ダイバーシティ・マネジメントをめぐる企業の取り組みを概観した。職場における差別という人権問題にはじまったダイバーシティ・マネジメントは、コンプライアンス（法令順守）や労務管理と結びついていた。その後、多国籍企業の異文化マネジメントの観点からで、ダイバーシティ・マネジメントによるリスクとコストの管理の重要性が高まった。その後、競争力の再構築がダイバーシティ・マネジメントと結びつくようになった。これは別の観点からいえば、企業が人材を使いこなすことに苦労してきた歴史でもある。本章と次章で、さまざまな理由で、少なからぬ企

業が人材を上手に使っていなかったこと、ダイバーシティ・マネジメントへの理解を通して、企業が人材をより効率的に活用する可能性が広がってきたことを明らかにする。

　これに先立ち、用語を整理しておく。最初に、ダイバーシティ・マネジメントの定義を、次のようにおく。

- 組織において、多様な人材を適材適所で活用して生産活動をおこなうこと

そしてダイバーシティ・マネジメントを実施するために必要な組織能力を、別途、次のようにおく。

- ダイバーシティ・マネジメント能力

　「ダイバーシティ・マネジメント」と「ダイバーシティ・マネジメント能力」を、わざわざ分けて定義するのは、前者は「状態」であり、後者はそのような状態を実現するための経営者の意思や戦略、組織としての遂行力として、分けて考える必要があるからである。後者（ダイバーシティ・マネジメント能力）の多寡や巧拙によって、前者（ダイバーシティ・マネジメント）の水準や効果が決まる。

　野球やサッカーで、お金があれば、多様な能力をもった優秀なスタープレイヤーをたくさん集めることはできる。しかし、監督が優秀なマネジメント能力をもって采配をふるわなければ、せっかくスカウトした優秀な選手たちを使いこなせず、宝の持ち腐れのチームに甘んじることになる。同じように、どんな企業でも多様な人材を集めることはできるが、多様な人材の「活用」、すなわち、ダイバーシティ・マネジメントをおこなって業績の向上を実現するためには、組織としてダイバーシティ・マネジメントを実施するための能力（ケイパビリティ）が求められる。能力の問題は、分析のなかであらためてふれる。

また企業の目的を、利潤の追求におく。そこからダイバーシティ・マネジメントも、利潤の追求という企業組織の大きな目的に間接的または直接的に資するものと位置づけられる。といっても、企業は社会のなかで経済活動を担うという点で、社会的な存在でもある。社会の定める法律や規範などのルールのもとで企業の活動がおこなわれるのであり、社会的に許されていない方法で利潤を上げることは許されない。わが国を含む民主国家では、重要な社会の規範は法律として定められている。企業が法を守って事業をおこなうというコンプライアンス（法令遵守）は本考察の大前提である。法律として明文化されていない社会の規範も、企業の社会的な責任として配慮をする必要がある。

次に「多様な人材の活用」には2種類ある。1つは、たとえば性別、人種、学歴、国籍、宗教、社会階級など何らかの先天的、あるいは後天的なグループに分類されながらも、実際には同程度の能力をもつ人材を、企業が区別せずに活用することである。経済学的にいうと、次のように示せる。

- 第1のダイバーシティ・マネジメントの問題は、「同一財」を区別して取引することの効率性を問う問題

昨今、「ブラック企業」をめぐる議論がある。労働者に対する、違法、または違法すれすれの処遇をおこなっているとされる企業をめぐる問題である。しかし先にふれたように、企業は社会的な存在である。この、企業の社会性の前提をふまえ、企業が、同じ程度の能力をもつ人材を違法に、あるいは違法すれすれに「差別」することについては、第1のダイバーシティ・マネジメントの考察対象とはしない。なぜ企業は法律を守らないこともあるのか、という問題は、それ自体、興味深いテーマである。しかし、企業活動とは、法律や社会規範を遵守したうえでおこなう活動であると前提していることから、違法、あるいは違法すれすれの組織における「差別」の問題は、ここで扱う対象の範囲外となる。

ダイバーシティ・マネジメントをめぐる第1の問題は、あくまでも、企業

が法律や社会的な規範を守ったうえで、なお、同じ程度の能力をもった人材を区別しているとしたら、それは合理的なことなのか、そして業績の向上につながるのか、をめぐる問題である。その意味では、違法な「差別」は対象外なのだが、これまで蓄積されてきた研究で、「区別」と「差別」の違いを厳密に扱ってこなかった経緯から、用語に関しては、「区別」に加え、引き続き、カッコに入れて「（差別）」も使うこととする。

ダイバーシティ・マネジメントをめぐるもう1つの問題は、同じ程度の能力をもっている人材であるにもかかわらず、組織がそれを区別（差別）するという、第1の問題とは別の、次のような問題である。たとえば各人がリーダーシップ、チームワーク、研究能力、対人関係能力、語学力など異なる能力をもち、企業がそれら異なる能力を組み合わせることで財を生産できるとき、それにもかかわらず、企業がそのような多様な能力を持った人材の配置を工夫し、異なる能力を上手に組み合わせられないとき、どのような問題が起こるか。これは経済学的には「多数財」をめぐる問題であり、次のように示せる。

- 第2のダイバーシティ・マネジメントの問題は、多数財としての人材を、組織としていかに効率的に組み合わせ、投入して、より多くの生産をおこなうことができるかを問う、生産関数の効率性をめぐる問題

本章でまず、第1の「同一財」としての労働をめぐる区別（差別）について考察する。その後、次章で「多数財」としての労働をめぐる問題を考える。

1　同一財を区別する実態

たとえば男女のあいだに、組織で仕事をするうえでどのような能力の差があるのだろうか。ひと昔前は、外で仕事をするのは男性の役割で、家庭を守るのは女性の役割だという、慣習のようなものもあった。力仕事は男に向いているが女には無理、という意見もあった。男性の看護師とスチュワード、

女性の看護婦とスチュワーデス、のように、職業に男女ごとの呼び名がついているものもあったし、ダイバーシティ・マネジメントの歴史を概観したときにふれたように、かつては性別や年齢などを明記した求人が普通であった。もちろんこれは、日本に限った話ではない。

世界で最初のスペースシャトルの女性宇宙飛行士、サリー・ライドが、アメリカの新聞のインタビューで「アメリカでは科学者の2割、技術者の1割しか女性がいない」ことをどう思うか、という質問をうけ、次のような返答をしている。

「私が子供の頃も、現在でも、小学校に上がった時点で、理科に興味をもつ子供は、男女に関係なく、たくさんいます。しかし女子学生の多くはその後、「女の子は理系に向いていない」というステレオタイプに直面し続けることになります。私自身、このような世間のプレッシャーに抗ってきました。ただ、私にとって幸運だったことは、これまで学んできた恩師の誰一人として、私が科学の道に進むことを不自然なことではないかという素振りさえみせなかったことでした。」(*USA Today*、2006/3/19、筆者訳)

少し脱線するが、筆者の大学での経験では、卒業時までの成績は、男子学生よりも女子学生のほうが優秀な傾向にある。教育の機会も均等に与えられており、大学卒業時に、仕事をしていくうえで、性別により大きな能力の違いがでるとは考えにくい。それにもかかわらず、企業で責任ある仕事をする女性の比率が、男性のそれに比べて大幅に少ないのはなぜだろうか。

日本をはじめ多くの国で、同じ能力をもった人材であれば区別なしに登用する、という第1のダイバーシティ・マネジメントが長く実現していなかったのは事実である。日本での状況についていえば、多くの大企業は、同じ程度に能力のある人材であれば男性主体で新卒採用し、時間をかけて組織の中核を担う社員として育てるという人事施策を展開してきた。これは、企業の中核を担う人材として、日本人の大卒男性以外（たとえば女性や外国人など）に属する人材の登用が進んでいないことを意味する。

2 一物一価をめぐる理論的考察

ここで性別を例に、労働をめぐる区別について考える。前章で示したように、同程度の生産性をもつ人材は、経済学的には「同一財」とみなせる。同一財は市場では同一価格で取引される。隣のスーパーで、まったく同じ商品が安く売られていれば、高い値段で売っているスーパーは売れないので値下げをし、安い値段で売っているスーパーは売れすぎるので値上げする。このようにして同一財であれば同一価格という均衡価格が生まれる。これが「一物一価の法則」である。

市場で取引される労働にも、基本的には一物一価の法則があてはまるよう、市場からの圧力がかかる。同じ程度の能力をもつ2人の労働者のうち、1人は安い給与に甘んじ、もう1人は高い給与を求めていた場合、企業は最も安い賃金で同じ成果を出してくれる労働者を雇用したほうがよい。少ないコストでより多くの生産ができ、限界価値生産性を高くして企業の業績向上に貢献できる。労働市場が競争的なら、労働者も同じ仕事でも条件のよい企業があれば転職しようとする。この両方の動きの結果、一物一価の法則が実現する。そこでは、同一財であれば労働者を区別する経済的な意味はないのである。ここに、「同一労働、同一賃金」の経済学的な根拠がある。

3 差別的選好

それにもかかわらず、企業がたとえば男性を女性よりも、大卒を高卒や大学院卒よりも、日本人を外国人よりも優遇しているとしたら、それはなぜか。これをめぐる1つの考えが、シカゴ大学のベッカー (Becker, 1971) らによる「企業の差別的選好」である。これは次のような前提からはじまる。まず賃金（一単位の労働の価格）は自由で競争的な市場で決まる。次に、企業の目的は利潤の最大化である。賃金は労働をめぐる需要と供給で決まるが、それは労働者の機会費用と限界価値生産性が一致する均衡点を意味する。また男

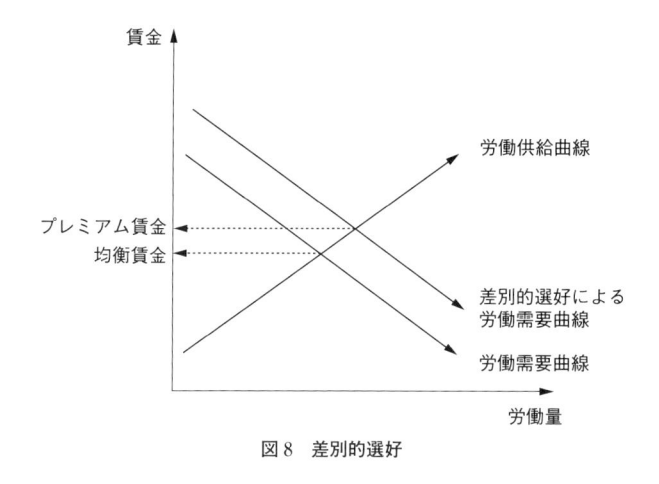

図8　差別的選好

女とも同じ能力をもち、これを使って一単位の労働という同一財を供給できる、という前提も置く。そうであれば、男女に均衡価格の違いが生まれることはない。

　現実には日本をはじめ各国で、男女や人種などをもとに、同程度の人材でも登用や処遇で区別してきたことが知られている。そこでベッカーは、たとえば性別や人種で賃金格差があることを説明できる論理的な可能性は、企業が労働者の側の限界価値生産性とは別の理由で、一部の労働者を区別・差別し、彼らにプレミアムを支払って雇用していることを導く。これは図8のように図示できる。

4　プレミアムの根拠

　ここで重要なのは、同じ程度の能力をもった人材のなかから、男性や白人などあるグループの人材を優先的に登用するには、プレミアム（余計なコスト）がかかるという事実である。そのようなコストをかけても労働者の限界価値生産性が高いわけではなく、企業はより多くの生産を上げられるわけでもない点で、経済学的には何のメリットもない。

　ではなぜ企業は、たとえば男性労働者など特定のグループの人材に、わざ

わざプレミアムを支払うのか。ベッカーは「好み（選好）」という概念を使った仮説を提起した。経済学では、ある消費者にとってコーラ２本とビール１本とがともに同じ程度の効用をもつ、というように異なる財を消費する際の消費者の「選好」について、「効用関数」という概念を使ってモデル化している。そのような「選好」の本質は、経済学的には説明のつかない外生的なもの、所与のものとされる。この場合、次の命題が成立する。

　　命題4A：企業にとって利潤を犠牲にしても得られる限界効用が大きい限り、企業はプレミアムを払って差別的選好を続ける。

　この命題は、３つの考察から成っている。第１に、同じ能力をもつ人材から特定のグループをわざわざ優遇して登用するためには、余計なコストがかかる。たとえば企業が男性を優遇すれば、男性の平均給与は同じ能力をもっている女性の平均給与より高くなる。より少ない人材のプールのなかから、適材を探さなくてはならないからである。それでも企業は、プレミアムを払ってまで男性を雇用することで得られる、経済性以外の効用を認め続ける限り、そのような優遇を続けることになる。

　現実の日本企業のほとんどは、余計なコスト（プレミアム）を払って男性を優遇しているつもりなどないだろう。実際に、たとえば総合職の初任給は男女に違いはなく同一である。しかしベッカーの考察から導かれる第１の命題を日本企業の総合職の初任給にあてはめると、たまたま総合職で採用された女性にも、男性を優遇するために支払う余計なコスト（男性プレミアム）の含まれた給与を払っていることになる。逆にいえば、本当に男女の差別なく総合職への登用が進めば、総合職の初任給の水準は、男性プレミアムが解消することで下がるはずだ、ともいえる。そして、もしも男女が同じ程度の能力をもっており、企業はそのような男女を差別していないというのであれ

---

(3)　この点についてはその後、制度経済学や心理経済学などの発展とともにかなり多くのことが明らかにされてきた。これによって、どこまでが経済学によって明らかにでき、どこから先が説明できないかについて、近年より明確になってきた。

ば、第一線の現場から役員室に至るまで、職場にもっと女性が進出していることになる。

　第2に、このような差別的選好は、企業にとって効率的な生産が実現できず、競争力を殺ぐものでもある。ベッカーが示すように、男女2人の労働者のうち、女性のほうが男性よりも平均賃金が安いにもかかわらず両者は同じ能力をもつのであれば、賃金の安い女性労働者を使ったほうが生産性は上がり企業の業績は向上する。

　最後に、企業の選好は具体的には経営者や人事担当者、部門長など、登用のルールをつくったり意思決定に関与したりする組織人を中心に形成される。プレミアムを支払っても男性労働者を登用することで経済的な効率性を上回る効用を得られているというのであれば、それは彼らが定義する効用であるか、彼らが組織として得ていると信じている効用（命題にある「利潤を犠牲にしても得られる限界効用」）である。そして彼らが、男性の登用から得られるそのような効用が少なくなったと組織レベルで認識されたとき（たとえば、「ばかばかしい」とか「無駄」とか「好ましくない」と気づいたとき）、このような人材の登用は終わることになる。

5　競争と淘汰

　ベッカーの考察から導かれるこのような命題には、日本企業の経営者や人事担当者の多くは違和感をもつだろう。筆者の聞き取り調査によれば、日本を代表する企業でダイバーシティ・マネジメントの推進を担当されておられる関係者のなかで、日本企業による男性社員の活用がコスト上昇につながっているという意識はほぼ皆無であった。ベッカーの考察から導かれた命題4A は、日本企業については、まったくあてはまらないのだろうか。

　企業の差別的選好に関する検討を、もう少し続けてみる。命題のように、男性を優遇するのは各企業の「選好」であり、そのような「選好」を企業がもつのは、利潤を犠牲にしても得られる限界効用が大きいからだとする。そのような選好を続けることで企業は利潤を犠牲にしているわけだから、その

ような選好をもたないライバル企業が登場すれば、市場での競争を通して淘汰の圧力にさらされることになる。男女で生産性に違いがなければ、区別（差別）を続ける企業よりも区別しない企業組織のほうが、より安い人件費で同じだけの生産をできる。したがって、男性優遇という企業の差別的選好の持続可能性については、ミクロ経済学の一物一価の法則から次のような命題が導ける。

命題 4B：競争的な市場において、同じ限界価値生産性をもつ労働者への企業による差別的選好は、長期的には持続可能ではない。

これは経済学的には、すべての企業に同じような競争状況があてはまる「淘汰」とみなされる過程である。他方で経営学的には、そのような競争状況にどう立ち向かうかで結果が変わってくる、すなわちある企業は淘汰され、別の企業は生き延び、さらに別の企業は競争力を高めるという「経営の巧拙」が発揮される過程でもある。この点からは、次のような仮説が提起できる。

仮説 1：命題 4B のもと、差別的選好が経済合理性に欠けることをいち早く認め、是正し、多様なグループに所属する同じような能力をもった人材を区別（差別）なく活用できる経営能力（ダイバーシティ・マネジメント能力）を構築した企業は、そうでない企業よりも競争優位を発揮できる。

21 世紀に入り、日本の企業が従来に増して厳しい競争状況に直面するなかで、一部の経営者が戦略的に、他社に先駆けてダイバーシティ・マネジメントへの取り組みをはじめている。その 1 つの具体的な事例が、一部の企業で少し前から模索されている「一般職」の廃止の動きである。たとえば2004 年に東京海上が、2007 年に三井住友銀行が、2009 年に第一生命が、2011 年に三井住友海上が、いずれも数年をかけて一般職を廃止すると発表

し、大きく報道された。[4]

　一般職とは、1986 年に施行された男女雇用機会均等法のもと、性別にもとづく雇用差別が禁止されたことへの企業側の対応として設けられた事務補助業務の職種で、実態としては女性を対象とした。これらの企業は、長年、女性社員を大規模に一般職として採用してきたが、これらの女性職員に、数年の移行期間を経て地域限定総合職や通常の総合職などへの転換を促したり、一般職としての新規の採用を止めたりするというものである。

　これがベッカーの考察から導かれた命題 4A や同 4B とつながるのは、事務補助の仕事については、派遣社員などの選択肢が広がり、市場から調達できる人材の給与水準よりも一般職の給与水準が高いことが明白になってきたからである。つまり「一般職プレミアム」の存在である。金融という、かつて規制に守られた業界が、近年の規制緩和のもとでより競争が激しくなるなか、同じ程度の限界価値生産性をもつ事務補助職の仕事で、賃金水準の低い派遣労働者や短期雇用労働者ではなく、より賃金水準の高い一般職労働者を優遇するという差別的選好が、だんだん持続可能ではなくなってきているというものである。

　このように、一部の企業が他の企業よりも先に、ダイバーシティ・マネジメントへの取り組みをはじめ、それによって企業として組織における人材の采配に大きな違いが生まれてきている。それに加え、ダイバーシティ・マネジメントに取り組みはじめた企業のなかでも、それによって生産性の向上にまでつなげることができる企業と、そうでない企業とに分かれはじめているようである。これはひとえに、ダイバーシティ・マネジメントを、労働者の限界生産力の向上と結びつけたうえで、その実現に必要な、組織としての能力を、他の企業に先駆けて構築できている企業があらわれはじめていることを示している。その結果、それらの企業がそうでない企業に対して競争優位

---

(4)　東京海上日動生命（経済産業省「Best Practice Collection, 2014」http://www.meti.go.jp/policy/sme_chiiki/torikumi/pdf/diversity/89tokyokaijyo.pdf）、三井住友銀行（金融経済新聞 2007 年 12 月 17 日）、第一生命（同社プレスリリース http://www.dai-ichi-life.co.jp/company/news/pdf/2009_001.pdf）、三井住友海上（日刊工業新聞 2011 年 5 月 31 日）。

を発揮し、仮説１が実証されるときが、そう遠くない時期にくることが期待される。そのときには、少なくとも差別的選好をもたず、同一財としての労働を区別なく活用できるという第１のダイバーシティ・マネジメントは、あたりまえのこととなっているだろう。

6　淘汰が起こりにくい日本

　人材活用をめぐる区別や差別は、わが国の企業に特有の現象ではない。実証研究からも、多くの国で性別や人種、国籍や宗教などで採用、配置、給与、昇進などで違いがある。日本は、とくに性別による人材の差別（区別）的登用で際立っている。国税庁の「民間給与実態統計調査結果」では、2013 年の正社員の平均年収は、男性が 511 万円なのに対し、女性が 271 万円であった。多くの先進国で男女間の給与格差は縮まってきているにもかかわらず、日本ではその差はここ 10 年ほど縮まっていない。[5]

　日本では、就職先の業界や企業規模、担当する職務、総合職と一般職などのコース制採用、フルタイムとパートなどの違いが男女の雇用と密接に関係していることから、給与の男女格差の背景として、これらの影響を指摘するものは多い。しかし少なからぬ実証研究で、それらの影響を考慮したうえでなお、合理的な説明のつきにくい処遇の差が明らかにされている。

　たとえばシカゴ大学の山口一男は、男女の賃金格差を、(1)男女の雇用形態の構成比の違い、(2)フルタイムで正規雇用者内での男女の賃金格差、(3)フルタイムで非正規雇用者内での男女の賃金格差、(4)パートタイムで正規雇用者内での男女の賃金格差、(5)パートタイムで非正規雇用者内での男女の賃金格差、(6)就業者の年齢分布の男女差による格差、の 6 要素に分解してなお合理的に説明できない大きな格差があることを明らかにした（山口、2008）。そのため、日本では男女の給与格差が依然として続き、収斂の兆しがみられないという。

---

[5]　国税庁「民間給与実態統計調査結果」第 3 表より筆者算出。http://www.nta.go.jp/kohyo/tokei/kokuzeicho/jikeiretsu/01_02.htm

　これは日本に限って、「競争市場においては差別的選好が持続可能ではない」という命題 4B が成立しにくいことを意味するのだろうか。あるいは仮説 1 を実現するような、「淘汰を先導できる、ダイバーシティ・マネジメント能力を構築した企業」が少ないからだろうか。この点については、市場の競争状態をめぐるもの、企業の意思決定に影響を与える文化や規範に関するもの、そして、ベッカーの考察の前提となっている労働をめぐるもの、の 3 つの点に分けて、異なる可能性が考えられる。これを以下のように 3 つの仮説として提起する。

　　仮説 2：わが国の少なからぬ企業は、何らかの方法で厳しい競争市場か
　　ら守られており、差別的選好が競争的市場のなかで淘汰される過程が比
　　較的ゆっくり進んでいる。

　はたして日本では市場は十分に競争的ではないのだろうか。日々、ライバル会社との競争のなかで仕事をしておられる第一線のビジネスパーソンや経営者からは、「自社は厳しい競争にさらされている」という反論が聞こえてきそうだ。しかしいまから 25 年ほど前、バブル経済の絶頂とともに日米貿易摩擦がピークを迎えていたころ、日本の市場は閉鎖的で反競争的だと、アメリカをはじめ多くの国から指摘されていた。自動車からハイテク製品に至るまで、多くのアメリカ企業が日本市場への参入を試みるものの、うまくいかなかった。その直接の理由はさまざまだが、アメリカの企業や政府は、わが国の市場が、複雑で長い流通やさまざまな政府の規制、古くからの商習慣などの「非関税障壁」によって、少なくともアメリカの市場に比べてオープンではなく、競争が十分に激しくはないということに求めたのである（NHK，1990）。もしも欧米の市場のほうが日本の市場よりも、二十数年にわたって一貫してよりオープンで競争的であったと示すことができれば、この間に欧米では日本よりも早く男女の賃金格差が縮小していることを、たしかにこの仮説で説明できる可能性がある。
　アメリカ側のそのような指摘は、アメリカ企業の市場参入の努力不足を棚

に上げた議論だという指摘もあった。市場がどの程度、寡占的かを測るハーフィンダール指数を使うと、たしかに一部の業界で少数の上位企業による集中がみられるものの、日本経済全般にあまねくみられる問題ではない。90年代には日米構造協議などの政府間協議が進められ、規制緩和や構造改革が進められた。90年代中頃からはWTOの発足にともない、わが国の関税は農業など一部を除き、世界的にみても低い水準になっただけでなく、非関税障壁についても是正が進んでいった。90年代後半、日米経済摩擦が下火になってからも、バブル崩壊後の日本経済の再生のための構造改革として、規制緩和や競争促進の施策が続けられてきた。21世紀に入り、中国など新興国から大量の商品が輸入され、デフレの進行とともにグローバルな競争が国内でも進んだ。これらをふまえると、仮説2は、すべての産業にあてはまるものというよりも、一部の産業に対象を限定することが必要であろう。したがって、次のようなより厳密な内容に修正することが適切である。

仮説2A：政府の規制や自然独占など何らかの理由により、企業の生産した財を交換する市場が競争的でない場合、同じ限界価値生産性をもつ人材への企業のレベルでの差別的な選好は、かなり長く持続できる可能性がある。

たとえば電力や金融などは、現在においても規制によって保護され、競争が比較的穏やかである。重電などは装置産業として巨額の投資が必要なうえに代替品も少ないことから、新規参入が容易でなく、自然独占に近い状態が起こる。そのような産業では、そうでない企業に比べ、人材を含む経営資源をあまり効率的に使わなくても十分に利益を出していける余地が大きい。そのため、競争を通した差別的選好の淘汰はゆっくりしか起こらないというものである。

さらにもう1つの可能性がある。それは財市場において、競争がある程度あっても、たとえば財閥系の大企業などで、人事に関する決定が昔ながらのルールにしたがっておこなわれている場合、市場からの淘汰の圧力が人事に

直接及びにくく、差別的選好が続くかもしれない、というものである。

　　仮説 2B：生産財の市場がある程度は競争的であっても、人事に関する
　　決定がそのような市場の競争から十分に隔てられている場合、同じ限界
　　価値生産性をもつ人材でも、企業のレベルでの差別的な選好はかなり長
　　く持続できる可能性がある。

7　文化や規範にさかのぼる差別的選好

　2つ目の可能性は、企業の差別的選好は企業独自のものではなく、社会の差別的な選好を反映しているというものである。先の企業人によるエピソードでも、授業内のケースでも、中間管理職の言動が企業を超えて共通しているものが多くみられた。これをどう考えればよいのだろうか。

　多国籍企業の経営をめぐって紹介した、マーストリヒト大学のホフステード（Hofstede, 1997）らに代表される異文化経営の研究に加え、近年は、ハーバード大学のホールとロンドン大学政治経済院（LSE）のソスキス（Hall and Soskice, 2001）らに代表される制度の政治経済学や、スタンフォード大学の青木昌彦（青木、2001）や東京大学の松井彰彦（松井、2002）らのゲーム理論を取り込んだ制度の経済学などの比較制度研究からも、企業の意思決定が、それをおこなう者の依拠する法律や属する文化や社会規範を反映することが、より精緻に示されるようになった。社会学や文化人類学をふまえたホフステード（Hofstede, 1997）らの研究では、個人の行動と企業の組織分化とのあいだに複雑な相互作用が認められるとともに、それによる行動パターンが国や社会のレベルで明らかに異なることを示し、国や社会ごとに組織の経営を変える異文化マネジメントの意義を示した。

　ホフステードは、階級や上下関係がどれだけ強いか、個人主義か集団主義か、不確実性やリスクへの耐性が強いか、そして力仕事は男、お茶くみは女といったように、性別で仕事を分ける傾向が強いか、という 4 つの次元で世界中の文化を分類し、それが集団的行動に与える影響を考察した。たとえば

階級社会では、同じ程度の能力をもっていても、しかるべき階級の出身でないと、その能力を活かせないかもしれない。同じことが性別による役割分担を規範とする社会で、男女のあいだにいえるかもしれない。仮に男女で能力の差がなく、限界価値生産性が同じだとしても、企業が属する社会文化によっては、組織は経済合理性から逸脱して非効率的な、性差にもとづく人材の選別をおこなうことになるのである。

　たとえば、本来、夫は仕事を、妻は家事を担うべきだという、性別による役割分担の考えが社会のなかで広く支持され、かつ、1人当たりの平均的な給与が十分に高く、家計を1人の所得で賄えるような社会では、「法則」が成立しやすいだろう。それに対し、そもそも仕事とは自己実現の手段や社会的な貢献として男女にかかわらず担うべきという考えが社会のなかで広く支持され、かつ、1人だけの給与では家計を支えられない場合は、そのような法則は成立しないかもしれない。

　またゲーム理論や制度経済学の発展により明らかになってきたのは、このような文化や規範とは、社会として形成され、共有されている利得関数だというものである。われわれの行動の多くは、損失を最小化し、利得を最大化するという、経済学を含む社会科学が前提とする「効用の最大化」にしたがったものであり、何が損失となり、何が利得なのかについては、個々の人間が独自の基準をもつとともに、文化や宗教などを含む社会的な規範や、成文化された法律などによって、社会で共有された基準によっても定義されている。

　そうであれば、多くの日本企業で続く差別的な選好は、日本に根づく文化や社会的規範を反映している可能性がある。なお、このような可能性には、たとえば男女の役割分担についての強固な社会規範といった、企業の差別（区別）的な人材登用のあり方を直接に規定するものだけでなく、意思決定において、慎重さ（リスク回避）や右倣え（模倣的行動）を好むような規範も、企業の差別的選好の持続に間接的な影響を与える。いずれの場合でも、市場が仮に競争的でも、社会的な規範にもとづいて多くの企業で同じような意思決定が続くため淘汰が起こりにくく、企業の差別的な選好が温存される

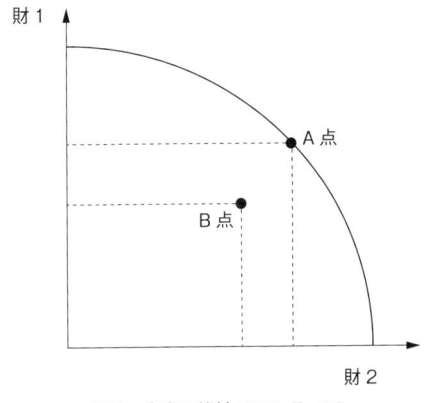

図9　生産可能性フロンティア

可能性がある。

　　仮説 3A：市場が競争的であっても、企業の差別的選好が文化や規範に
　　根づいたものであればあるほど、そのような企業の差別的選好は淘汰さ
　　れにくく、社会的に温存されやすい。

　もし、企業の差別的選好が文化や規範などによる社会的選好に根づいてお
り、社会的に温存されているとすると、次の仮説も成立する。淘汰がおこな
われないことで、社会全体で資源の無駄遣いが温存されるからである。

　　仮説 3B：仮説 3A が成立している場合、国民経済の次元で非効率な資
　　源配分がおこなわれていることになる。

　国民総生産（GNP）は、労働、資本、資源、技術など、その国のもてる
資源を生産に投入して実現する。その際、最も効率的に資源配分がおこなわ
れると、図 9 の A 点のように、国民経済全体として描いた生産可能性フロ
ンティアの曲線上で生産ができていることになる。他方、差別的選好による
企業の非効率な資源配分が国民経済の次元で集積すると、B 点のように同曲

線の内側で生産がおこなわれていることになる。

　通常、国民総生産の水準が生産可能性フロンティアの内側で停滞する理由の代表的なものとして、規制や政府介入、寡占などによる市場の歪みが想定されている。しかしここまでの考察からは、文化や社会規範を背景にダイバーシティ・マネジメントができないような企業行動が集積すると、社会全体として人材という希少資源の無駄遣いがおこなわれ、それによっても国民経済の次元で資源の非効率な配分が続くことが示唆される。失われた20年の背景の1つに、このような国民経済の次元での資源の無駄遣いがあったかもしれない。これは、アベノミクスにおける女性活躍の支援策のように政府が「適切」な政策を通して市場に介入し、国民経済の次元で非効率な資源配分を是正する根拠ともなる。

　　仮説3C：企業の差別的選好が、文化や規範などによる社会的選好に根づいたものである場合、国民経済の次元での非効率な資源配分の是正のため、企業がダイバーシティ・マネジメントを促す政策介入の余地がある。

8　変化は起こる

　変化のトリガーは、政策以外にもあと2つ存在する。1つはイノベーションで、もう1つは国際競争である。競争的な市場のもとでは、企業はイノベーションを起こそうと努力する。イノベーションにより、他社よりも優位な競争状況をつくろうと試みるのである。そのような努力の1つが、文化や規範を含む「既成概念」を打破し、常識にとらわれない新しい組織マネジメントを模索するものである。ハーバード大学のバティラーナ（Battilana, 2006）が明らかにしたように、われわれは、多くの場合、法律のような明文化されたルールだけでなく、常識や慣習、その場の空気といった社会の規範やそのなかでつくられた個々人の価値観にしたがって行動する。そのため、変化を起こすことよりも、これまでの延長線上で行動することのほうがはるかに自

然で、楽でもある。しかし、同じ研究が示唆するのは、そのような状況のなかでも、競争原理がはたらき、かつ、人材の多様性があるときは、イノベーションを起こし、変化をもたらそうという主体的な行動を起こす動きがみられることである。

イノベーションというと、製品や製造技術などに目が向きがちである。しかし仮に日本で「男性は外で働き、女性は家庭を守ることが好ましい」という社会的な規範が成立し、そのために企業が余計なコストを払っても男性社員を優遇していたとする。そのような常識（規範）を疑い、能力があれば男女に関係なく人材を登用する努力を組織的に重ね、それに成功することのできる企業は、マネジメント上のイノベーションを起こし、余計なプレミアムを払わずに生産することを実現できていることにほかならない。それにより、他社より少ない経営資源でより多くを生産でき、単位当たりの自社のコストを下げることで競争優位を実現しているからである。

　　仮説 3D：企業の差別的選好が、文化や規範などによる社会的選好に根
　　づいたものである場合、人事に関するイノベーションを起こすことがで
　　きた企業が短期的な競争優位をもてる。そのようなイノベーションをト
　　リガーとして、文化や規範に根ざした選好への変化の圧力が高まる。

国際競争も変化を促す。国内市場が保護されて海外との競争がない場合や、国内の人件費が国際比較で十分に安く、国際競争力がある場合、企業が経済合理性をもたない差別を続けることは可能である。しかし国内でも海外でも本格的な競争にさらされると、文化や規範のために余計なプレミアムを払って特定のグループを優遇する必要のない海外の企業に対して、国内の企業はコスト的に不利な状況となり国際的な競争劣位が生まれる。

　　仮説 3E：企業の差別的選好が、文化や規範などによる社会的選好に根
　　づいたものである場合、参入障壁が低く対外開放度が高い産業ほど、そ
　　のような選好をもたない海外の企業が参入しやすく、競争優位をもてる。

そのような海外企業の参入をトリガーとして、文化や規範に根ざした選好の変化の圧力が高まる。

　ここに至り、ダイバーシティ・マネジメントが、純粋な企業経営の課題にとどまらず、アベノミクスなどで国全体として取り上げる必要がある問題でもあることの一端がうかがえる。たしかに、これまでの男性中心の人材登用の背景には、文化や社会的な規範に関係する面が存在する。だからといって、現状を肯定できることにはならない。グローバル化や技術革新により、わが国の企業が厳しい国際競争に巻き込まれ、少子高齢化のなかで従来からの男性労働力の供給が先細り、国としてもこれまでのような資源の無駄遣いをこのまま放置し続けられなくなってきているという。早期の是正には、たとえば女性管理職比率を政策的に掲げるなど、政府による「積極的格差是正措置（affirmative action）」の可能性も検討されることになったのである。

6

統計的差別

・性別など、統計的なグループごとに、労働者の限界生産力の違いが明らか
　になる場合がある。
・そのような場合、統計にもとづく差別をおこなうことで、より高い限界生
　産力をもつ労働者の一群をみつけ、登用することができる。
・企業が性別などの統計上のグループごとに、労働者の限界生産力の違いを
　正確に把握しているとはいえない可能性がある。
・企業の人材登用のあり方が、そのような統計結果をもたらしている可能性
　もある。

　前章で、わが国の企業で男性社員を優遇するという、差別的な選好が温存
されやすい理由を、2 つの仮説として示した。1 つは、市場が十分に競争的
ではない、という可能性であり、もう 1 つは、競争的であっても、文化的あ
るいは社会的な規範に深く根付いたバイアスがある、という可能性である。
わが国で淘汰が起こりにくいことを説明する 3 つ目の仮説は、先に示した 2
つの仮説とは大きく異なる。それは、ベッカーの命題の成立に必要な前提条
件がそもそも成立していない、したがって命題も成立しない、というもので
ある。

　　仮説 4A：ベッカーの考察の前提が成立していない場合、企業の差別的
　　選好は経済合理性をもつ場合がある。

　あらためてベッカーの考察の前提を再検討すると、仮説 4A は、2 つの可
能性に分けられる。

仮説 4B：労働を同一財として扱うという前提が崩れると、企業の差別的選好は経済合理性をもつ場合がある。

仮説 4C：労働市場が完全競争的という前提が崩れると、企業の差別的選好は経済合理性をもつ場合がある。

　すでにふれたが、筆者の聞き取り調査からも、男性中心の組織運営を続けるために余計なコストをかけていると認識している日本企業は、ほぼ皆無であった。むしろ、男性社員を優遇することで、そうでない場合よりも手間がかからない、したがって男女の社員を区別して処遇することには一定の合理性がある、と考えている（あるいは、かつて考えていた）管理職や人事担当者は多い。たとえば、結婚や出産などのライフイベントのある女性は、男性と同程度の能力があっても、同じようには働いてもらえない可能性が高い。言葉が拙く、日本的な仕事の仕方もわからない外国人は、能力があっても使いにくい。一般職に応募してくる人材は、いくら能力があっても能力を「ほどほど」にしか発揮してくれない。

　だから同じ程度の能力をもっているのであれば、男性を優先して総合職として採用し、同期のなかで競争と協力をさせ、切磋琢磨して仕事のできる能力を開発しながら組織への忠誠も養成し、長く企業に貢献してもらったほうが、社員の能力を長期的に、より多く活用でき、企業の業績向上につながる。その点で、男性を優先して採用することには合理性があり、利潤を犠牲にしてまでの経済合理性をもたないえり好みなどではない、というものである。

　このような企業からの反論の多くは、コロンビア大学のフェルプス（Phelps, 1972）らによる「統計にもとづく合理的な区別」という考察によって説明できる可能性がある。統計的な根拠に依拠する差別の本質は、次の 2 点に集約できる。まず、労働を同一財として扱うことは、現実には困難である（仮説 4B）。また、人材をめぐる市場は、完全競争的ではない（仮説 4C）。この 2 つは密接に関係している。前者に関しては、仮に同じ程度の能力をもつ 2 人の労働者がいたとして、両者が同じ成果を出せるとは限らない。一方

はやる気があるのに他方はあまりないなど、仕事への動機に差があれば、生産性に差が出るからである。

　また、労働者は時間の経過とともに熟練度を増し、創意工夫をし、歩留まりを上げたり品質を向上させたりして生産性を上げることができる。ベッカー（Becker, 1993）らによる「人的資本論」が示すように、企業は設備や機械に投資をおこなうだけでなく、労働者に投資をおこない研修や教育を提供することで、そのような労働者の能力開発を支援し、生産性を大きく向上させることができる。しかし当初、同程度の能力をもっているとみなされた人材が、時間が経つにつれ、そうではなくなっていく可能性がある。ある労働者はより多くを経験や研修から学ぶ一方、他の労働者はあまり多くを学ばない。本人の熱意の問題もあれば、能力の違いもあるし、運もある。出産や育児などのライフイベントのおかげで、やりたくてもできない場合もある。こうして、時間的経過のなかで能力の開発と生産性の向上に開きができる。入社試験の成績が同じ2人の労働者でも、企業にとっては同一財とはならない可能性のほうが大きい。

　このような生産性の違いを労働者側が認識していない場合も、認識して隠す場合もある。企業側も、経験や教育を通した生産性の向上をどこまで労働者に求めるか、そのためにどれほど投資をするつもりか、などを明確にしていない場合や、労働者に伝えない場合もある。その結果、労働者と企業のあいだに、情報の非対称性が発生する。人材の取引では、りんごの売買に比べ、大きな駆け引きの余地があることを意味する。

　なるべく失敗しないよう採用にコストをかけるとしたら、りんごの取引のような1回限りの取引ではなく、長期的な雇用関係として契約するほうが合理的となる。もちろん企業が長期雇用を提示しても、労働者はより条件のよい機会をみつければ転職するだろう。

　ラジアー（Lazear, 1998）が示したように、労働市場がとくに競争的でない場合、日本企業が取り入れたような年功賃金や退職金制度は、短期で転職すると労働者が損をするような長期雇用インセンティブとして有効となる。また、人的資本論が示すように、多くの場合、人材への投資で企業に必要な特

殊能力を開発したほうが、必要な能力ごとに人材を調達したり調整したりするよりも総人件費を抑えることができることも、人材の取引を長期的な雇用関係とするほうが合理的な理由となる。このような長期的取引の観点は、差別的選好の考察には含まれていなかった。

このような長期的な雇用は、組織内部で人材を長期的に抱え、育成し、やりくりするという、いわゆる内部労働市場の活用で、市場での人材の取引をめぐる難しさを補うことができる。その一方で、組織の都合で転勤や配置転換をおこなったり、それを前提とした能力開発をしたりするなど、労働者の仕事や働き方に関する自由をかなり制限することにもなっている。

1　統計的差別からみる性別

このように、人材を市場で取引することは実に難しい。なるべく少ない手間と費用で望ましい人材を確保する手段が求められる。そこから、統計にもとづいて人材を区別（差別）して登用する方法が着目されるようになる。それが、統計を使って、同じ程度の能力をもっている人材のなかから実際に「使える」人材を探すという「統計的差別」である。

たとえば「大卒の男性」という括りを使うと、それを使わず、女性や外国人、高卒男子までを対象にして、そのなかから人材を探すのに比べ、比較的簡単に企業の求める同一財としての労働者のプールを絞り込むことができるかもしれない。そこで手間を省ける「大卒の男性」というグループで同一財の範囲を絞って人材を登用しようとすることは合理的だというものである。このことは、次のような命題として提起できる。

> 命題5A：性別など統計的なグループごとに労働者の限界生産力の違いが明らかな場合、統計にもとづく差別をおこなうことで、より高い限界生産力を持つ労働者の一群をみつけ、登用することができる。

数ある人材グループのなかでも、わが国では性別がとくに重要な統計的差

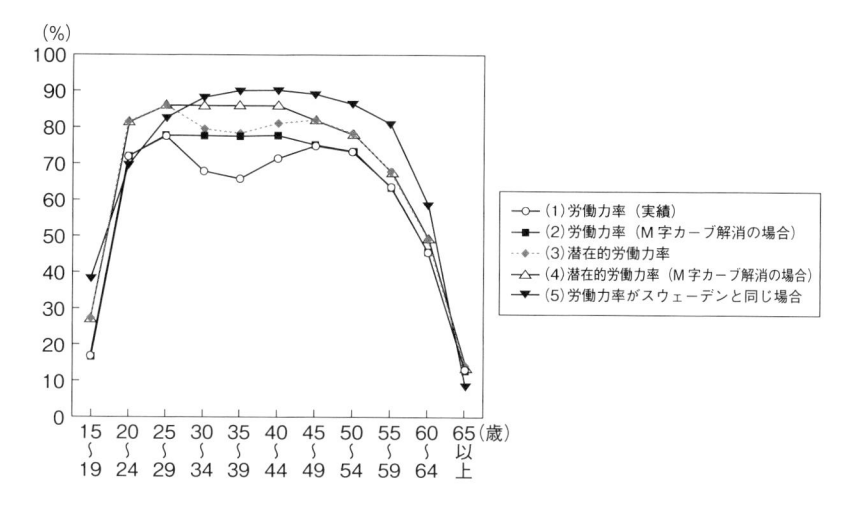

	労働力人口（女性）の試算（万人）	実績と比べた増加分（万人）	増加率1*1（％）	増加率2*2（％）
(1)労働力人口 （平成22年実績）	2.767	ー	ー	
(2)労働力人口 （M字カーブ解消の場合）	2.887	120	4.3	1.8
(3)潜在的労働力人口	3.109	342	12.4	5.2
(4)潜在的労働力人口 （M字カーブ解消の場合）	3.196	429	15.5	6.5
(5)労働力率が スウェーデンと同じ場合	3.280	513	18.5	7.8

図10　M字カーブ

(備考) 1. 総務省「労働力調査（詳細集計）」（平成22年），ILO "LABORSTA" より作成。
2. 「M字カーブ解消の場合」は，30〜34歳，35〜39歳，40〜44歳の労働力率を25〜29歳と同じ数値を仮定したもの。
3. 潜在的労働力率＝（労働力人口＋非労働力人口のうち就業希望の者）／15歳以上人口。
4. 労働力人口男女計：6,581万人，男性3,814万人（平成22年）。
5. (4)，(5)の労働力人口の試算は，年齢階級別の人口にそれぞれのケースの年齢階級別労働力率を乗じ，合計したもの。
＊1「増加率1」：労働力人口（女性）2,767万人（平成22年）を分母とした計算。
＊2「増加率2」：労働力人口（男女計）6,581万人（平成22年）を分母とした計算。
出典：男女共同参画白書（概要版）平成23年版第三章・第21図より

別の根拠となると考えられてきた。その理由の1つがM字カーブに示される女性の就業率である。これは、20代後半から30代前半にかけて、女性の就業率が一時的に男性のそれよりも下がることを統計的に示している。女性が結婚・出産などのライフイベントのために離職するからである。

　同様によく知られたものに、シカゴ大学のダグラスの考察を、東京大学の有沢広巳が実証して知られるようになった、「ダグラス・有沢の法則」がある。これによれば、女性は配偶者の所得が高いほど就業率が低くなることが統計的に示される。所得の高い男性と結婚した女性が仕事を辞める可能性が高いというものである。

　このように統計的に示される就業をめぐる男女の違いは、企業にとって2つの意味をもつ。第1に、女性社員の離職率が男性より高いということは、長期雇用を前提に採用やその後の研修にコストをかけても、女性は男性よりも平均してより低いリターンしか得られない。また男性よりも女性のほうが、手間と費用をかけても回収できないリスクも高い。

　このような統計的差別は、性別や人種などの生まれつきのものに加え、学歴、大学の体育会などの活動歴、配偶者の有無など後天的なグループ分けを使ってもおこなわれてきた。学歴を使えば優秀さが、大学の体育会などの活動歴を使えば、動機や責任感、チームワークなどに関する能力の有無が、配偶者の有無では離職率の違いが把握できるように思われるからである。このように、ある種のグループとその後の働き方や生産性の上がり方を相関できる統計データを使えば、履歴書や面接などではわかりにくい、企業と労働者とを隔てる「情報の非対称性」をかなり解消し、「同一財」ではない可能性のある労働者を事前に見分ける手段として使うことができる。そこで、以下のような仮説が提起される。これがフェルプスの「統計的差別」である。

　　仮説4D：労働を同一財として扱うことが難しい場合や、労働市場が競争的ではないとき、企業が性別や学歴などのグループごとに労働者の限界生産力の違いの存在することを統計的に把握できると考えられる場合、企業が人材の登用で統計的差別をおこなうことには経済合理性がある。

2 統計的差別の妥当性

問題は2つある。1つは、企業が性別などの統計上のグループごとに、労働者の限界生産力の違いを正確に把握しているかどうかである。この点をめぐり、多くの実証研究がおこなわれてきた。これらを一言でまとめると、統計的なグループごとの労働者の限界生産力の違いの多くは、一見したほど強固なものではない、というものである（山口、2008）。

たとえば男女で生産性の違いがあったとして、男女で大学進学率に差がある場合、それを考慮せずに取り上げることはできない。また男女で離職率の違いがあったとして、それを根拠に企業が男性社員に研修機会を与え続ければ、結果として男女には、生来、大きな生産性の違いがあるかのようにみえる。それだけでなく女性の側も、企業の人的資本をめぐるそのような行動のもと、どれだけ仕事をしても報われにくいというキャリア観が定着するだろう。そうすると、統計的には限界生産力の差が歴然とするようにみえるかもしれない。しかし実際は、企業の行動が、もともとはなかった男女のあいだの限界生産力の差を結果的につくりだし、定着させている可能性があるのだ。

> 命題5B：企業が統計的差別をおこなうことに経済合理性が認められるのは、企業のそのような労働者の登用とは関係なく独立して労働者グループのあいだに限界生産力の違いが存在する場合だけである。企業が統計的差別をおこなう場合には、統計上の有意をつねに検証する必要がある。

時代や嗜好の変化を含むさまざまな理由によって、統計的グループとして人材を括る意義も変化する。それにもかかわらず企業がそのような変化に対応せず、従前の統計的差別を続ける場合がある。統計を根拠に合理的な差別をおこなっているのではなく、根拠がそれほど強くないにもかかわらず、合理的とはいえない差別が漫然と続くことになるという「自己成就的予言

（self-fulfilling prophecy）」の状況の可能性が強い。そのような企業行動によって、合理性をもたない差別が持続する。根拠の薄弱な統計的差別が差別を助長し永続させているのである。ここから、企業の差別的選好が経済合理性をもつ可能性を示した仮説4への疑問を、次の仮説として提起できる。

　　仮説5A：経済合理性をもつ統計的差別をおこなえるほど、企業はつねに優れた統計にもとづく情報をもっているわけではない。

　もう1つの問題は、企業の人材登用のあり方が、そのような統計結果をもたらしている可能性である。企業が、離職する可能性の高い人材を事前に見抜くために、統計を使っているのであれば、統計的差別の議論に沿ったものといえる。女性という統計上のグループの離職率が、男性のそれよりも高いのは、わが国のM字カーブからも事実である。そこから企業が、女性労働者を、離職率の低い男性労働者とは同一財として扱えないと結論することには、一定の合理性があるように思われるだろう。働き盛りの年齢に差しかかったところで、女性の離職率が男性のそれよりも大きければ、長期雇用を前提とした場合、男女のあいだに労働者の限界生産力の差が存在することになるからである。統計的差別の議論が示すように、このような統計を根拠として、企業は合理的に女性に対して統計的差別をおこなうことに、一定の理があると考えられるようになるかもしれない。

　しかし図10が示すように、スウェーデンの女性にM字カーブは認められない。他のOECD諸国のデータをみても同様で、日本の女性のM字カーブが際立っている。日本人だけが、生まれつき女性が男性より限界生産力が低いとは考えにくい。むしろ日本企業では、働き盛りの30代から40代にかけて、女性が働こうとしても働きにくい状況が存在することから、男女のあいだに離職率の違いが生まれている可能性のほうが大きい。すなわち統計は、企業によって、本来は同一財であるはずの男女を、区別（差別）的に登用している結果としてあらわれているのであり、統計を根拠に同一財の区別（差別）的な登用をおこなうのは本末転倒ではないか、というものである。この

場合、統計は、企業による同一財の区別（差別）的な登用を映し出す鏡になっている。企業の行動が、もともとはなかった男女のあいだの限界生産力の差を結果的につくりだし、定着させている可能性である。この点からも、企業の差別的選好が経済合理性をもつ可能性を示した仮説4への疑問を提起できよう。

　　仮説5B：企業の人材登用のあり方が原因で、性別などのグループで限界生産力の違いがあらわれている場合、統計的差別をおこなうことに経済合理性はない。

「多数財」をめぐるダイバーシティ・マネジメントと企業業績

・企業が、異なる能力をもつ人材を組み合わせて活用できれば、人材の適材適所を通した「静的成長」を実現でき、それを通して業績の向上につなげることができる。
・企業が、異なる能力をもつ人材を組み合わせて活用できれば、創造的破壊とイノベーションを起こして「動的成長」を実現でき、それを通して業績の向上につなげることができる。
・静的成長も動的成長も、それを実現し、それを通して業績の向上につなげるためには、組織がすぐれたダイバーシティ・マネジメント能力を発揮する必要がある。

　統計的差別の考察から明らかになったことの1つは、企業はそう簡単には同一財としての人材を見分けられない、という点である。そこで統計を使い、同一財として扱える人材の範囲をある程度絞り込もうとしてきた。性別、人種、学歴、国籍、宗教などのグループは、ベッカーらが示唆するような、同程度の能力をもっているにもかかわらずそれを覆い隠すマスク、ではなく、労働者の限界生産力の違いを、したがって同一財かどうかを実際に見極める有意義な方法だというものである。

　それに対して近年の実証研究は、これらの統計的な分類と労働者の限界生産力の違いはそれほど明確でないこと、逆に企業の差別（区別）を通して人為的に違いがつくりだされている面もあること、を示していた。これは別の観点からみると、統計的差別を使っても、同一財としての労働者を確保しようということにエネルギーを注ぐ企業は、同一財として括ることのできない「多様な人材」を采配することに積極的ではない可能性がある、ということ

でもある。

　たしかに、男性と同じように転勤もいとわず、長時間にわたり、また生涯をかけて働いてくれる「男まさり」の女性は少ないかもしれない。幹部候補を、同一財として似たような能力をもった人材のなかで育て、選抜しようとすると、その対象は男性に偏るかもしれない。しかし、「男まさり」ではなく、男性とは異なるタイプの、しかし十分に有能な人材も幹部候補として積極的に登用する道もあるはずである。実際にオランダやデンマークの企業では、管理職の責務をこなす優秀な女性は、育児などのために短時間労働が必要な状況では、仕事の一部を他のマネージャーと共有したりしている。

　これはもう1つのダイバーシティ・マネジメント、すなわち多様な能力をもった人材の采配、の重要性を示しているともいえる。男性と同じように働ける女性や、日本人と同じように働く外国人は、多くはいないだろう。その意味で、同一財とみなせる労働力はそれほど多くないかもしれない。ということは、多数財としての労働力をうまく采配することの重要性が大きいことを意味していることでもある。

　あらゆることに秀でた人材など、めったにいるものではない。われわれは生まれつき、能力の違いがある。そのうえで、自分のもっている能力のなかから、その一部を開発する一方で、それ以外は優れていないことに甘んじる。その結果、社会は異なるさまざまな能力をもった人材で満ちている。企業が、リーダーシップ、チームワーク、研究能力、対人関係能力、語学力など、異なる能力をもつ人材を采配し、配置を工夫し、それらの異なる能力を上手に組み合わせて生産することで、社会が求める価値を生みだせる。これが、ダイバーシティ・マネジメントの2番目の分野における組織能力である。

　多様な人材をうまく采配するニーズは、今後、さらに大きくなると予想される。結婚、出産や育児といったライフイベントによって男性と同じような働き方をするのが難しい女性を、男性と同一財として扱うことは難しいだろう。文化や社会規範、言語の違いによって日本人と同じような働き方をするのが難しい外国人を、日本人男性と同一財として扱うことも容易ではない。さらには、これまでのように家族を犠牲にして組織に貢献する働き方とは異

なる価値観を持った若者が増えてくると、これから先、同一財とみなせる大卒男性の数が少なくなるかもしれない。多数財としての人材を活用するダイバーシティ・マネジメントの重要性は、ますます大きくなるはずである。

この2番目のダイバーシティ・マネジメントは、経済学的には、企業組織として異なる財（多数財）を効率的に組み合わせ、投入することを通して、より多くの生産をおこなうことをめぐるものである。たとえばレストランを運営するための料理と給仕や、メーカーの研究開発と営業のように、明らかに異なる能力を組み合わせることで生産が行われる場合、どちらかの能力で他方を代替することはできない。また、両方の能力をもつ人材を探すよりも、それぞれの能力がより秀でた人材を組み合わせたほうが、より効率的である。労働という生産要素のサブカテゴリーとして、これらの能力を異なる生産要素とみなせば、多数財の投入における生産関数をめぐる問題として考察できる。これをふまえると、経済学の理論から、これらの人材の登用と組織の業績との関係について、ただちに次の2つの命題が示せる。

命題6：企業が上手に異なる能力をもつ人材を組み合わせて活用できれば、静的成長を実現でき、それを通して業績の向上につなげることができる。

命題7：企業が上手に異なる能力をもつ人材を組み合わせて活用できれば、動的成長を実現でき、それを通して業績の向上につなげることができる。

1　静的成長

命題6と7の違いは、成長のあり方をめぐるものである。すでにみたように、国民総生産の考察では、生産可能性フロンティアという概念を使って、ある国のもつさまざまな資源が生産に投入された結果としての国民経済の水準の可能性を示している。技術が一定のもと、限られた資源を最も効率的に

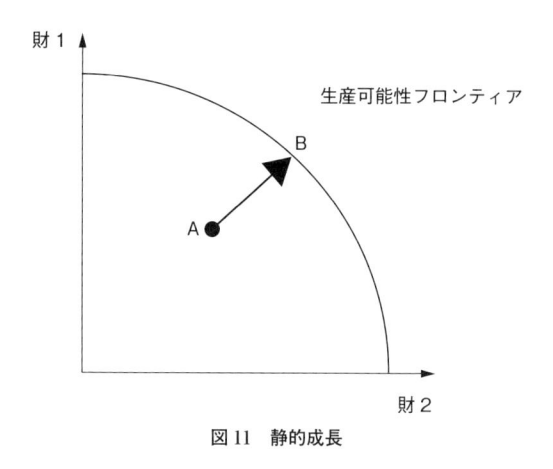

図11　静的成長

投入できれば、生産可能性フロンティア上で生産がおこなわれる。逆に何らかの理由で、持てる資源を効率的に使わなかった場合、生産は同曲線の内側のどこかにとどまり、同曲線上で行われる生産よりも量が少ないことになる。同じ概念を組織に当てはめて考察することが可能である。

　たとえば、料理は得意だが給仕が下手な労働者Aと、料理は下手だが給仕が得意な同Bの2人からなるレストランがあるとする（もちろん、研究開発は得意だが営業が苦手なAと、営業は得意だが研究開発が苦手のBからなるメーカーでもかまわない）。組織として最も多くの価値を生みだせる組み合わせは、Aが料理を、Bが給仕を担当することは直感的にもわかる。他方でBが料理を、Aが給仕を担当する組み合わせでは、それぞれの能力がフルに発揮されず、同曲線の内側でしか生産されない。異なる能力を組み合わせて財が生産されるとき、異なる能力をもつ人材を適材適所で配し、最適の組み合わせで生産をおこなうことができるかどうかで、結果としての生産量が変わるのである。

　いま、ある組織が同曲線の内側のA点で生産をおこなっていたとする。これは、組織として適材適所がおこなわれておらず、人材を含む経営資源を非効率的に使って生産されている状態だが、もしも采配を工夫し、効率的な資源配分ができれば、生産可能性フロンティア上のB点まで生産を拡大で

きることでもある。そこで各人材の能力を見極め、仕事の配分を改め、資源配分の効率を高めることで、生産水準を高め、同じ量の資源の投入でより多くを生産できるようになる。これが静的成長の実現である。技術が一定でも、人材の仕事の配置を変えるだけで成長できる。

どのような能力をどう組み合わせて使えばよいかについては、生産関数を使って明らかにできる。さまざまな職務のなかで最も高い生産性を発揮できるものが、その労働者にとって最も能力を発揮できる仕事である。それ以外の仕事をすれば機会費用が発生する。そこで機会費用を最小にする組み合わせをみつければよい。そのみつけ方は2つある。1つは市場メカニズムを通した資源配分である。適材適所ができず、機会費用が発生するような能力の無駄な使い方をすれば、コストが高くなり、市場で淘汰される。なお、これが実現するためには、インプット（生産要素）とアウトプット（生産財）の双方の市場が十分に競争的でなくてはならない。もし、労働市場があまり競争的でない場合、どのような能力をもった人材がどこにどのくらい存在し、いくらで仕事を引き受けてくれるか、賃金は適正か、などがよくわからない。もし生産したものが寡占的な市場で取引されるのであれば、言い値で売れるので資源の浪費もチェックされないだろう。

どんな市場でも、効率的に資源配分ができるわけではない。セントルイス連銀のイェーガー（Yeager, 1999）は市場が機能する条件として、需要、供給、情報、通貨、所有権、そして取引をめぐる司法制度、の6つが機能する必要のあることを明らかにした。貧しい途上国や成長が鈍化している経済では、これらの条件のどこかが欠けており、資源配分が最適な水準でおこなわれていないことも明らかとなっている。市場メカニズムが働くよう、これらの条件を整備することで、静的成長を実現することが可能である。

もう1つは、組織の采配を通した資源配分である。先にふれたように、チャンドラーは、管理職を含む経営層を「見える手」と呼び、アダム・スミスが「神の見えざる手」と称した市場を通した資源配分と対比し、組織を通した資源配分メカニズムの意味を示した（Chandler, 1977）。レストランの例からも明らかなように、経営者が各人材の異なる能力を見抜き、采配を通して適

材適所をおこなわなければ、組織としての生産は生産可能性フロンティアが示す最大可能な生産量よりも少なくしか生産できない。

　他方で采配を工夫し、適材適所を進めることで、同じ人数の組織であっても生産量を拡大できる。もちろん、組織として異なる財（多数財）を効率的に組み合わせ、適材適所で投入するための采配がうまくできなければ、生産量を拡大することもできない。ダイバーシティ・マネジメントの巧拙が、業績の向上に直結するのである。

　　命題6B：組織として、多様な人材を組み合わせて活用することで静的成長を実現し、それを通して業績の向上につなげるためには、組織が優れたダイバーシティ・マネジメント能力を発揮する必要がある。

2　動的成長

　静的成長には限界がある。ひとたび生産可能性フロンティア上で生産がおこなわれるようになったら、その段階で成長が止まり、それ以上の成長は望めない。技術が一定のもとであれば、生産量は、投入する生産要素をどれだけ無駄遣いせず、効率的に組み合わせて生産できるかによって決まるからである。それに対して動的成長は、同じ量の生産要素であっても、生産可能性フロンティア自体を外側に広げ、それを通して生産の拡大を実現できることを示している。

　動的成長は2つの方法で実現される。1つは技術一定のもと、投入の増加を通したもので、「外延的（extensive）」な成長とも呼ばれる。もう1つは技術進歩による生産性の向上で、「集約的（intensive）」な成長とも呼ばれる。前者の外延的成長は、国民経済の次元で考えると、人口、資本、土地や天然資源など、その他の生産要素、のいずれかがそれまでよりも増えることで可能となる。人口については、出生率が増えたり、移民を受け入れるようになったり、それまで労働市場に参加していなかった女性や高齢者が何らかの理由で労働市場に参加することになったりして、労働人口が増えると実現する。

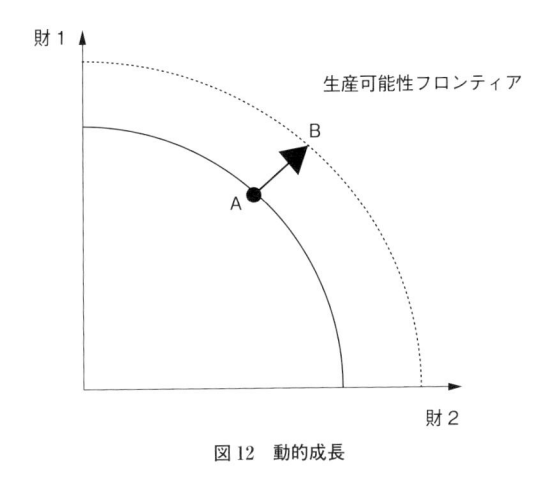

図12　動的成長

　資本は、倹約や貯蓄を美徳とする文化や、利息所得にかかる税を低く、消費にかかる税を高くするなど貯蓄を奨励し消費を抑制する施策をとることで増える。また領土を拡張したり、新たに天然資源が採掘されたりすることで、さまざまな生産要素を増やすことができる。

　企業組織の次元でも、人材や資本、設備などの投入する生産要素を増やせば、同じように外延的成長を実現できる。先のレストランの例では、料理人とサービス要員を2倍にし、フロアの面積と席数も2倍にすれば、それまでの2倍の顧客へ対応でき、売り上げも2倍に増える。ただしここで求められるダイバーシティ・マネジメントは、同一財である料理人やサービス要員を増やす際に求められる人材登用能力という点で、すでにみた第1のカテゴリーをめぐる問題である。

　それに対し、第2のカテゴリーのダイバーシティ・マネジメントが重要な課題となるのは、集約的な成長である。集約的な成長は技術革新によって実現する。労働と資本が一定のもとでも、技術革新を通して労働と資本の双方の生産性を上げ、それを通して生産可能性フロンティアを外側へ拡大できる。先のレストランの例では、同じ料理人が料理方法を工夫して同じ調理時間でも2倍の料理をつくることができるようになれば、料理人を増やすことなく、生産量を増やせる。サービス要員が手順や動線を工夫できれば、同じ要員数

でもより多くの客に接客できるようになる。

　なぜ、多様性が技術革新を促し、集約的成長につながるのか。じつはこの点について、経済学からの知見は、まだ十分ではない。これまでの経済学をふまえた研究の多くは、イノベーションを起こす能力や、それによって生みだされる新たな商品を供給側に、それに価値を見出し、評価する投資家や顧客を需要側において、このような需要と供給の均衡や、均衡の成立条件や阻害要因を中心に考察されてきた。

　その1つが、新制度派経済学からの考察である。イェーガーは、イノベーションをつくりだす供給側と、それを求める需要側とが、効率的に価値を交換できることが、イノベーションを通した動的成長の実現のために必要であるとし、そのような市場が備えるべき機能として、次の3点を示した。第1に、どこでだれがどのようなイノベーションをつくりだしたり、求めていたりするかについての情報、すなわちイノベーションによって生みだされる価値をめぐる情報が市場の参加者に速やかにいきわたること、次に、知的所有権が適切に保護されること、最後に、競争を通した創造的破壊のプロセスが機能していること、である（Yeager, 1999）。ビジネスモデルやビジネスプロセス、商品などでイノベーションが起こる要因として、その成果が、価値として評価され、容易に市場で取り引きされることが重要だというものである。

　先に紹介したホールとソスキス（Hall and Soskice, 2001）によれば、イェーガーの示すような、イノベーションを起こしやすい市場の理念型に対して、多くの市場の現実はかなり異なっている。どの程度、現実が異なっているかを、実証研究をふまえて2つの類型に分けて示している。それによれば、現在のアメリカやイギリスの市場制度は、理念的に示されたイノベーションを促しやすい市場に最も近い。リベラルな市場主義の原則が市場に浸透しているだけでなく、社会が多様な人材に開かれ、競争的で、しがらみが少なく、リスクも受容する。それに対し、ドイツや日本では、市場参加者が比較的均質で、多くのステイクホルダーが緊密な相互依存関係をもって絡み合っており、大きなリスクをとりにくい、調整的な市場である。

　イノベーションを起こすために、日本やドイツのような調整的な市場型の

社会は、規制緩和などを進めて、アメリカやイギリスのようなリベラルな市場へと制度改革を推進すべきだろうか。ホールとソスキスは、この点について、近代経済学の教えに沿った規範的な示唆を導くかわりに、各国の市場制度は、長い時間をかけて経路依存的に現在のようなかたちに至っていることを指摘する。そのうえで、日本やドイツのような市場制度のもとではイノベーションが起こりにくいわけではないことを実証的に明らかにしている。すなわち、アメリカのような市場制度のもとでは、革新的で非連続的なイノベーションが起こりやすいのに対し、日本やドイツのような市場制度のもとでは、どちらかというと漸進的、連続的な改良型イノベーションが起こりやすい。そしてどちらのイノベーションも必要である。このような考察は、市場の類型とイノベーションの関係を示すだけでなく、多様性とイノベーションの関係についても示唆を与える。また、市場と組織では技術革新について異なる強みをもっており、そのうえで組織がその強みを活かすためには、異なる財（多数財）を効率的に組み合わせ、適材適所で投入するための采配が巧くできる必要があることも明らかにしている。

　これらの点に加え、すでにみたように、近年、空間経済学や社会経済学の分野からも、重要な示唆が得られている。1つは「イノベーションを促進するクラスター」の存在である。大企業の研究部門、ベンチャー企業、金融機関、会計事務所、大学の研究機関、そしてこれらに勤める人々のネットワーク活動を支えるレストランやバーなどに至る、さまざまな分野の企業や組織が集積できると、これらがある種の有機的な集合体として相互に関連し合い、イノベーションを促進する可能性である。

　また、イノベーションの成果を企業秘密として自社内にとどめておかず、積極的に他社と共有することで、関連した分野でのイノベーションを促し、ビジネスモデルの広がりを実現したり、多くの企業が使うデファクト・スタンダードが生まれたりする「オープン・イノベーション」の重要性も理解されるようになってきた。これらの知見は、社会的なネットワークと経済活動に着目したグラノヴェッターらの社会ネットワーク理論も取り込みながら発展してきたものである。シリコンバレーもボストン郊外もハイテク企業の集

積が進んでいるのに、前者から圧倒的に多くの核心的なイノベーションが生まれ、後者からはあまり生まれてこなかったという、イノベーションのパターンの違いを分析したサクセニアンや、シリコンバレー型のイノベーションのエッセンスを「オープン型」であると明らかにしたチェスブロウの考察について、第3章でふれたとおりである。

　資源配分メカニズムとしての市場が効率的であればあるほど、イノベーションを引き起こしやすい、ということは間違いないだろう。そうだとしても、イノベーションを起こす主体は市場ではなく、市場に参加し、生産活動を担う人間であり、その集団としての組織である。イノベーションを起こし続けるためには、多様な能力をもち、多様な役割を担う人材の協力と競争が必要だということは、明らかである。しかも多様な能力は、ただそれが集まった状態だけでは、イノベーションが起きるわけでもない。多様な能力が相互に刺激し、情報を共有し、知識を創造し、従来とは異なるイノベーションに至り、それを活用できるためには、組織の内外の人材が競争と協力をおこなうことのできる環境や制度が必要である。これはまさしく、組織としてのダイバーシティ・マネジメントの「能力」にほかならない。

　　命題7B：組織として、多様な人材を組み合わせて活用することで集約的な動的成長を実現し、それを通して業績の向上につなげるためには、組織として優れたダイバーシティ・マネジメント能力を発揮する必要がある。

8

組織能力
──まとめに代えて──

- 企業が競争力を再構築するうえで効果をあげるダイバーシティ・マネジメントには、異なる3つがある。
  - 同じ能力をもつ人材（同一財）であれば「同一労働、同一賃金」に基づく賃金の抑制と生産性の向上。
  - 多様な能力をもつ人材（多数財）であれば、采配を通し、人材の適材適所による「静的成長」。
  - 多様な能力をもつ人材（多数財）であれば、采配を通し、創造的破壊とイノベーションを促しての「動的成長」。
- それを実現するためには、「見える手」としての、企業経営の質を高める必要がある。
- 日本企業のなかにおいても、経営の質が高く、組織としての能力（ケイパビリティ）の優れた企業は、ダイバーシティ・マネジメントを構想し実現する力（ダイバーシティ・マネジメント能力）を構築し、組織内部の多様な資源を活用し、これを外部資源と組み合わせて、国内、および海外で競争力を再構築でき、新たな競争優位を実現することができる。

　これまでの議論から、ダイバーシティ・マネジメントは、3つの異なるルーツをもつことが明らかになった。最初のルーツは、1950年代後半のアメリカで起こった公民権運動である。同じ能力をもっているにもかかわらず、異なる人種を理由に社会のなかでおこなわれていた差別を解消する動きが、組織における差別的な処遇の問題にも広がり、その解決が進められていった。次が、1970年代に本格化する多国籍企業の経営における、異文化マネジメントをめぐるものである。アメリカ企業が世界各地に進出するなかで、アメリカとは異なる文化的背景をもつ人材を組織のなかに抱え、現地で事業を展開することの難しさに直面するなかで展開した、経営上の動きである。

企業は1つ目のダイバーシティ・マネジメントのもとで、コンプライアンスや労務管理を通して、人材を公正に処遇することを、2つ目のダイバーシティ・マネジメントのもとで、国を越えて多様な人材を采配するにあたっての組織文化の見える化と、そこから明らかになる、異文化への対応とコストとリスクの管理を、求められていった。

　そして3つ目のルーツが、1990年代に本格化しだした、グローバル競争下における競争力の再構築と結びつくものである。日本など海外のライバル企業の出現により、それまでにない厳しい競争に直面して、アメリカ企業は、従来の経営のあり方を見直しはじめる。そのなかで、競争力の再構築と結びついたダイバーシティ・マネジメントが開発されることになる。そこでは、企業が直面していた3つの異なる問題について、それぞれのダイバーシティ・マネジメントで対応すれば、企業の業績を上げる可能性があることが明らかになったのである。

　第1のダイバーシティ・マネジメントは、同じ能力をもった人材を区別（差別）なく活用することで、同一労働、同一賃金を実現し、単位当たりのコスト（賃金）を抑え、労働生産性を向上することができるというものである。また、第2のダイバーシティ・マネジメントは、多様な能力をもった人材を、その能力の違いを認め、それを活かして適材適所で使いこなすことで、静的成長を実現できる。そして第3のダイバーシティ・マネジメントにより、多様な能力をもった人材を采配し、イノベーションを起こして動的成長を可能とする。この第2と第3のダイバーシティ・マネジメントは、組織内労働市場に一定の市場メカニズムを導入することを通して、一方において労働生産性を上げ、適材適所を通した分業の効率化と人材配置の最適化をおこない、他方において創造的破壊とイノベーションを促して、新たな成長に資することを意味している。

　残された問題は、組織が、どのような状況のもとで、この3つのうちのいずれのダイバーシティ・マネジメントで解決すべき問題に直面しているかを把握し、その対処法として適切なダイバーシティ・マネジメントを、効果的に実行できるかどうかである。そのためには、企業が直面している課題を分

析し、課題の解決にふさわしい戦略を導き、それを実行するという一連の「実行能力」が必要となる。そのような組織能力が十分に備わっていなければ、ダイバーシティ・マネジメントをやっているつもりでも、それが業績に結びつくような効果となってあらわれない。たとえば、女性や外国人をはじめさまざまな人材をかき集めるだけでは、「マネジメント」なしに「ダイバーシティ」を実現しているだけである。これでは、業績への貢献は、あまり期待できないだろう。

　同じ能力を差別的に処遇しないという第1のダイバーシティ・マネジメントでは、性別や学歴、職種や職能など、フォーマルに、あるいはインフォーマルに、さまざまなレッテルがはられ、そのような分類にもとづく差別的な処遇に、一定の統計的な合理性があるとされてきたことについて、あらためて見直すことからはじめる必要があった。そのなかで、たとえば「男性」対「女性」のような、これまで異なるグループに分けて処遇してきた人材が、実は同じ程度の能力をもっていることを見抜いて登用することができれば、生産性向上の第一歩がはじまることが理論的に示された。

　そのような登用をしない（できない）現状と、その場合の統計的差別の含む問題についても明らかにした。女性の限界生産力は、ある時点においては男性のそれと同じ程度であり、両者を同一財とみなせる。それにもかかわらず、企業側が、長時間労働や転勤などを含む特定の働き方を労働者に求めるなかで、それに対応できるグループ（たとえば育児を担当しなくてもよい男性など）と、対応できないグループ（たとえば育児を担当しなくてはならない女性など）を、長期雇用のなかでは同一財として扱わなくなっていく過程である。

　企業が、統計にあらわれる男女の離職率の違いを根拠に、OJT や社内教育などの投資を、企業の求める働き方に対応できるグループ（たとえば男性）に対して手厚くおこなう一方、対応できないグループ（たとえば女性）に対しては十分にはおこなわないという処遇を続ける企業側の論理は、2つのグループ間に存在する投資対効果の差である。せっかく女性に男性と同様の手間と費用をかけて OJT をおこない、チャンスを与えても、早く辞めら

れては、投資を回収することができない。これは一見すると、統計で示される男女の離職率の違いをふまえた、合理的な統計的差別のようにみえる。

　しかしそのような、一見すると合理的にみえる企業行動の背景に、3つの問題が存在することを示した。1つは、投資がおこなわれる前は、労働者のあいだに限界生産力の差がなく、同一財とみなせるにもかかわらず、「女性は男性よりも途中で離職する可能性が高いだろう」という、将来の可能性をもとに統計的差別をおこなうことを通して、この2つのグループのあいだに、異なる水準の人的資本形成がおこなわれ、労働の限界生産力の違いとなって顕在化され、それが固定化される点である。このような状況は、男性と女性が、労働力として本来的に同一財ではないことを示しているというよりも、企業側の求める特定の働き方がつくりだしたものといえる。

　2つ目は、そのような状況が続くと、男性と同じように働くことをいとわない女性が一定の割合で存在したとしても、それらの女性が企業の統計的差別のもとで排除されるか、みずから活用されないことを見越してやる気を失うかして、能力が活用されないままにおかれる点である。企業側と労働者とのあいだで、能力をめぐる情報の非対称性は存在しており、企業が労働者の能力を事前に把握するのは難しい。そこで企業は、統計を使ってそれを解決しようとしているのだが、性別のような、一見すると適切なようにみえて、実はそうではない指標を使うことで、逆選択が起こっている状況である。これは、本人にとっても、企業にとっても、社会全体にとっても損失となっていることを意味する。

　3つ目は、企業側の求める働き方の硬直性である。統計にあらわれる男女の違いは、企業の中核的な人材は同一財の育成と選抜を通しておこなう、という方針を映しだしている。それに対して、たとえば男女を同一財として処遇できないケースが残るのであれば、企業はこれまでの方針にこだわらず、多数財として処遇し、活用すればよいではないか、という疑問がわく。その点についての考察から示されたのが、企業が多数財としての労働力を采配することの重要性と難しさである。

　多様な能力を適材適所で使いこなし、静的成長を実現するという第2のダ

イバーシティ・マネジメントの推進は、多様な能力をもった人材に、平等な処遇と称して同じ仕事を与え続けるのではなく、それぞれの人材がもつ異なる能力を早く見抜き、それぞれの能力を最も活かせる仕事を与えるという采配を進めることを意味する。その際の第一歩は、既存の仕事の進め方を前提としたうえでの適材適所からはじめることが現実的であろう。しかし、より本質的な課題は、組織として、これまでの仕事の進め方を見直し、新たな仕事の進め方を策定することと連動した、多様な能力の活用を実現できるかどうかである。仕事のモジュール化や標準化、自社でやるべき仕事と社外のリソースを活用して進めるべき仕事との見極め、そのうえで新たな価値連鎖にもとづいた仕事の進め方と、それぞれの職務内容の明文化、それにより求められる能力の定義、などが同時におこなわれなくてはならない。

　多様な能力をもった人材を采配し、イノベーションを起こして動的成長をめざす第3のダイバーシティ・マネジメントの推進は、まず組織の次元で、多様な能力をもった人材から知識を創造し、イノベーションにつなぎ、動的な成長に至るプロセスをつくるところからはじまる。組織として、そのような道筋を設計し、実行することが必要である。また、そのようなプロセスを、組織の外の人材とどう組み合わせ、それによって、組織を超えた「イノベーションのクラスター」のなかに自社をどう位置づけるか、その際に、どのような分野でオープン・イノベーションを実施するか、に関する制度設計も必要となる。

　この実現は、経営の質の向上という課題と結びついている。アメリカ企業の競争力の再構築を概観して明らかになったように、3つのダイバーシティ・マネジメントのいずれにおいても、それを実行するための能力を構築するとは、経営のイノベーションにほかならない。それを通してはじめて、生産性の向上、静的成長、そして動的成長が実現でき、競争力の構築につながるのである。それができなければ、ダイバーシティ・マネジメントは単なる福利厚生の一種で終わってしまうだろう。

　ダイバーシティ・マネジメントを通じた生産性の向上、静的成長、そして動的成長の実現は、これまで続いてきた人材という経営資源の扱い方を見直

すことからはじまる。そして、そのような本質的な組織マネジメントの見直しの成否は、経営の質にかかわっている。組織のマネジメントを大きく変革させる「見える手」として優れた組織の采配が必要だからである。

　これまでの仕事のやり方や人材の処遇が、制度や慣習として長く続いてきていればいるほど、組織の内外で既得権益も生まれ、変化への抵抗も強くなる。そのような抵抗を乗り越えて変化を実現するためには、改革への組織を挙げての参加を可能とする、ビジョンやミッションにもとづく大きな方向性、そのもとでの明快な目標、目標を達成するための戦略と実行計画、そしてリーダーシップと推進力が必要となる。これまでのような、内部労働市場に依存した長期的な人材の登用と組織的な能力の構築という一本の道だけでなく、短期や中期での登用を長期の育成を通した登用と組み合わせたり、組織の内部からの登用と外部の市場からの登用を組み合わせたりして、多様な人材を多様な方法で采配し登用するという組織のダイバーシティ・マネジメント「能力」が求められる。

　経済学では、個々の企業の特性を問わず、組織の内部をブラックボックス化し、同じ市場競争のもとではどの企業も同じように行動することを想定する。これに対し、ロンドン大学のペンローズ（Penrose, 1959）に源をもち、UCLA のルメルト（Rumelt, 1984）やオハイオ州立大学のバーニー（Barney, 1991）らによって打ち立てられた資源ベース理論は、個々の企業のもつ企業特殊な資源や能力に着目してきた。そのうえに、カリフォルニア大学のティース（Teece, 1997）らによって研究が進んできた、企業組織のダイナミック・ケイパビリティ理論は、シカゴ大学のコース（Coase, 1937）からの流れを汲み、UCLA のアルキアンとデムセッツ（Alchian & Demsetz, 1972）、カリフォルニア大学のウイリアムソン（Williamson, 1981）らによって精緻化された取引費用理論を企業の組織能力の観点から再構築した。そのなかで市場など企業の外部にある資源と企業の内部にもつ資源をうまく組み合わせ、効果的に協調させることのできる企業特殊なケイパビリティ（能力）を競争力の源泉と認めている。これは多様な能力を上手に活用するというダイバーシティ・マネジメントを実現する組織能力にあてはまる。これをふまえると、本書の最後

の仮説が次のように導ける。

　　仮説6：日本においても、経営の質が高く、組織としての能力（ケイパ
　　ビリティ）の優れた企業ほど、ダイバーシティ・マネジメントを構想し
　　実現する力（ダイバーシティ・マネジメント能力）を構築し、組織内部
　　の多様な資源を活用し、これを外部資源と組み合わせて、国内、および
　　海外で競争力を再構築でき、新たな競争優位を実現することができる。

　冒頭にも紹介したように、少なからぬ日本企業の経営者が、自社の競争力
の再構築の観点から、ダイバーシティ・マネジメントに取り組みはじめてい
る。そのような先進的な企業経営者の努力と、組織の取り組みの蓄積によっ
て、この仮説が実証され、ダイバーシティ・マネジメントと、企業の競争力
や業績との関係をめぐる命題として定着する日が到来するのは、そう遠い将
来のことではないだろう。

参 考 文 献

Alchian, Armen and Demsetz, Harold (1972). "Production, Information Costs, and Economic Organization," *The American Economic Review*, 62(5).

American Heritage New Dictionary of Cultural Literacy, 3rd edition (2005), Boston: Houghton Mifflin Company.

Ancona, D. G. and D. F. Caldwell (1992). "Demography and Design: Predictors of New Product Team Performance," *Organization Science*, 3(3).

Bain, J. S. (1959). *Industrial Organization*. NY: John Wiley & Sons. 〔J・S・ベイン著、宮沢健一監訳 (1970)『産業組織論』丸善出版〕

Bantel, K. A. and S. E. Jackson (1989). "Top Management and Innovations in Banking: Does the Composition of the Top Team Make a Difference?" *Strategic Management Journal*, 10(S1).

Barney, Jay B. (1991). "Firm, Resources and Sustained Competitive Advantage," *Journal of Management*, 17.

Bartlett, C. A. and Ghoshal, S. (1989). *Managing Across Borders: The Transnational Solution*. Boston, MA: Harvard Business School Press. 〔C・A・バートレット、S・ゴシャール著、吉原英樹監訳 (1990)『地球市場時代の企業戦略——トランスナショナル・マネジメントの構築』日本経済新聞社〕

Battilana, Julie (2006). "Agency and Institutions: The Enabling Role of Individuals' Social Position," *Organization*, 13(5).

Becker, Gary S. (1971). *The Economics of Discrimination*. Chicago: University of Chicago Press, 2nd edition.

———— (1993). *Human Capital: A Ttheoretical and Empirical Analysis, with Special Reference to Education*. Chicago: University of Chicago Press. 〔ゲーリー・S・ベッカー著、佐野陽子訳 (1976)『人的資本——教育を中心とした理論的・経験的分析』東洋経済新報社〕

Beer, Michael and Nitin Nohria (2000). *Cracking the Code of Change*, Boston, MA, Harvard Business School Press.

Brook, Timothy (2007). *Vermeer's Hat: The Seventeenth Century and the Dawn of the Global World*, London: Bloomsbury Publishing. 〔ティモシー・ブルック著、本野英一訳 (2014)『フェルメールの帽子——作品から読み解くグローバル化の夜明け』岩波書店〕

Casanova, Myrtha (2012). "Diversity Charters in Europe," *Diversity Journal*, August 28.

Chandler, Alfred (1977). *The Visible Hand: the Managerial Revolution in American Business*. Cambridge: Belknap Press. 〔アルフレッド・D・チャンドラー Jr. 著、鳥羽欽一郎・小林袈裟治訳 (1979)『経営者の時代——アメリカ産業における近代企業の成立』東洋経済新報社〕

Chemmanur, Thomas J. and Imants Paeglis (2005). "Management quality, certification, and initial public offerings," *Journal of Financial Economics*, 76(2).

Chesbrough, H. W. (2006). *Open Innovation: The New Imperative for Creating And Profiting from Technology*. Boston, MA: Harvard Business Publishing.〔ヘンリー・チェスブロウ著、大前恵一朗訳（2004）『ハーバード流イノベーション戦略のすべて』産業能率大学出版部〕

Christensen, Clayton (1997). *The Innovator's Dilemma: When New Technologies Cause Great Firms to Fail*. Boston, MA: Harvard Business Review Press.〔クレイトン・クリステンセン著、伊豆原弓訳（2001）『イノベーションのジレンマ——技術革新が巨大企業を滅ぼすとき』翔泳社〕

Coase, Ronald (1937). "The Nature of the Firm," *Economica*, 4(16).

Curtin, Philipp (1985). *Cross-Cultural Trade in World History*. Cambridge University Press.〔フィリップ・カーティン著、田村愛理・中堂幸政・山影進訳（2002）『異文化間交易の世界史』NTT 出版〕

Eden, Lorraine and Stewart Miller (2004). "Distance Matters: Liability of Foreignness, Institutional Distance and Ownership Strategy" in Michael A. Hitt and Joseph L. C. Cheng (eds.), *Theories of the Multinational Enterprise: Diversity, Complexity and Relevance* (Advances in International Management, Volume 16). London: Emerald Group Publishing.

EEOC (1998). "Mitsubishi Motor Manufacturing and EEOC Reach Voluntary Agreement to Settle Harassment Suit," Press Release dated June 11, 1998.

Endo, Nobuaki and Toshiya Ozaki (2011). "The effect of multinationality on firm performance: An examination of Japanese service firms," *Asian Business & Management*, 10(1).

European Commission Directorate General for Justice (2014). *Overview of Diversity Management — implementation and impact amongst Diversity Charter signatories in the European Union*.

Gardner, Jennifer M. (1995) "Worker Displacement: A Decade of Change," *Monthly Labor Review*, April.

Granovetter, Mark (1973). "The Strength of Weak Ties," *American Journal of Sociology*, 78(6).

———— (2005). "The Impact of Social Structure on Economic Outcomes," *Journal of Economic Perspectives*, 19(1).

Greer, L. L., K. A. Jehn and E. A. Mannix (2008). "Conflict Transformation: A Longitudinal Investigation of the Relationships between Different Types of Intragroup Conflict and the Moderating Role of Conflict Resolution," *Small Group Research*, 39(3).

Hall, Peter and David Soskice eds. (2001). *Varieties of Capitalism: The Institutional Foundations of Comparative Advantage*. Oxford: Oxford University Press.〔ピーター・A・ホール、デヴィッド・ソスキス編、遠山弘徳［他］訳（2007）『資本主義の多様性——比較優位の制度的基礎』ナカニシヤ出版〕

Harrison, D. A., K. H. Price, J. H. Gavin and A. T. Florey (2002). "Time, Teams, and Task

Performance: Changing Effects of Surface- and Deep-level Diversity on Group Functioning," *Academy of Management Journal*, 45(5).

Hofstede, Geert (1983). "Culture's Consequences: International Differences in Work-Related Values," *Administrative Science Quarterly*, 28(4).

Hofstede, Geert (1997). *Cultures and Organizations: Software of the Mind*, New York: McGraw Hill.〔G・ホフステード、G・J・ホフステード、M・ミンコフ著、岩井八郎・岩井紀子訳（2013）『多文化世界——違いを学び未来への道を探る』有斐閣〕

Johnston, William, *et. al.* (1987). *Workforce 2000: Work and Workers for the 21st Century*, Indianapolis, IN: Hudson Institute.

Ishikawa, Jun (2014). "National Diversity and Team Creativity: An Integrative Model and Proposition for Future Research," *Rikkyo Business Review*, 7.

Johanson, J. and F. Wiedersheim-Paul (1975). "The Internationalization of the Firm — Four Swedish Cases," *Journal of Management Studies*, 974.

Johanson, J. and Jan-Erik Vahlne (1977). "The Internationalization Process of the Firm — A Model of Knowledge Development and Increasing Foreign Market Commitment," *Journal of International Business Studies*, 8.

Keiser, John D. (2004). "Chief Executives from 1960-1989: A Trend toward Professionalization," *Journal of Leadership & Organizational Studies*, 10(3).

Kalmijn, Matthijs and Gerbert Kraaykamp (2007). "Social Stratification and Attitudes: a Comparative Analysis of the Effects of Class and Education in Europe," *The British Journal of Sociology*, 58(4).

Kodama, Naomi and Odaki, Kazuhiko (2012). "A New Approach to Measuring the Gap between Marginal Productivity and Wages of Workers", *RIETI Discussion Paper Series*, 12-E-028, April 2012.

Kobrin, Stephen J. (1979). "*Political Risk: A Review and Reconsideration*," Journal of International Business Studies, 10(1).

Lazear, Edward P. (1979). "Why is there Mandatory Retirement?" *Journal of Political Economy*, December, 87(6).

———— (1998). *Personnel Economics for Managers*. Hoboken: Wiley.〔エドワード・P・ラジアー著、樋口美雄・清家篤訳（1998）『人事と組織の経済学』日本経済新聞社〕

North, Douglas (1990). *Institutions, Institutional Change and Economic Performance*. Cambridge: Cambridge University Press.〔ダグラス・C・ノース著、竹下公視訳（1994）『制度・制度変化・経済成果』晃洋書房〕

OECD (2013). *Employment Outlook 2013*. Washington, D.C.: OECD Publications and Information Center.

OECD. *Time series data on the OECD Indicators of employment protection*, available at http://www.oecd.org/employment/emp/oecdindicatorsofemploymentprotection.htm

Penrose, Edith T. (1959). *The Theory of the Growth of the Firm*. Oxford: Oxford University Press.〔エディス・ペンローズ著、日高千景訳（2010）『企業成長の理論（第3版）』ダイヤモンド社〕

Perlmutter, Howard (1969). "The Tortuous Evolution of the Multinational Corporation," *Columbia Journal of World Business*, 1969.

Phelps, Edmund S. (1972). "The Statistical Theory of Racism and Sexism," *American Economic Review*, 62.

Porter, Michael E. (1980). *Competitive Strategy: Techniques for Analyzing Industries and Competitors*. Free Press. 〔M・E・ポーター著、土岐坤［他］訳（2003）『競争の戦略』ダイヤモンド社〕

Prahalad, C. K. and G. Hamel (1990). "The Core Competence of the Corporation," *Harvard Business Review,* 68(3).

President's Commission on Industrial Competitiveness (1985). *Global Competition — The New Reality*. Washington, DC.: Government Printing Office.

Rumelt, Richard P. (1984). "Towards a Strategic Theory of the Firm," in R. B. Lamb ed., *Competitive Strategic Management*. New Jersey: Englewood Cliffs.

Saxenian, Annalee (1994). *Regional Advantage: Culture and Competition in Silicon Valley and Route 128*. Cambridge, MA: Harvard University Press. 〔アナリー・サクセニアン著、大前研一訳（1995）『現代の二都物語──なぜシリコンバレーは復活し、ボストン・ルート 128 は沈んだか』講談社〕

Sanchez, R. and J. T. Mahoney (1996). "Modularity, flexibility, and knowledge management in product and organization Design," *Strategic Management Journal*, 17 (Winter).

Shierholz, Heidi and Lawrence Mishel (2013). "A Decade of Flat Wages: The Key Barrier to Shared Prosperity and a Rising Middle Class," *Economic Policy Institute Report*, August 21, 2013.

Schlegelmilch, Bodo B. and Howard Thomas (2011). "The MBA in 2020: will there still be one?," *Journal of Management Development*, 30(5).

Steyaert, Chris and Maddy Janssens (2015). "Translation in Cross-Cultural Management: A matter of voice," in Nigel Holden, Snejina Michailova, and Susanne Tietze (eds), *The Routledge Companion to Cross-Cultural Management*. Oxford, UK: Routledge.

Sturgeon, Timothy J. (2002). "Modular Production Networks: a New American Model of Industrial Organization," *Industrial and Corporate Change*, 11(3).

Teece, David J., Gary Pisano and Amy Shuen (1997). "Dynamic Capabilities and Strategic management," *Strategic Management Journal*, 18.

Ulrich, Karl (1995). "The Role of Product Architecture in the Manufacturing Firm," *Research Policy*, 24.

Vogel, Ezra (1979). *Japan as Number One: Lessons for America*. Cambridge, MA: Harvard University Press. 〔エズラ・F・ヴォーゲル著、広中和歌子・木本彰子訳（1979）『ジャパンアズナンバーワン──アメリカへの教訓』TBS ブリタニカ〕

Wrench, John (2007). *Diversity Management and Discrimination: Immigrants and Ethnic Minorities in EU*. Surrey: Ashgate.

Williamson, Oliver (1981). "The Economics of Organization: The Transaction Cost

Approach," *The American Journal of Sociology*, 87(3).

───── (1985). *The Economic Institutions of Capitalism: Firms, Markets, Relational Contracting.* New York: Free Press.

Yeager, Timothy (1999). *Institutions, Transition Economies, And Economic Development,* Boulder: Westview Press.〔ティモシー・J・イェーガー著、青山繁訳 (2001)『新制度派経済学入門──制度・移行経済・経済開発』東洋経済新報社〕

Zegers De Beijl, Roger (2002). *Documenting Discrimination against Migrant Workers in the Labour Market : A Comparative Study of Four European Countries.* Geneva: International Labor Organization.

青木昌彦 (2001)『比較制度分析に向けて』NTT 出版。

石川淳 (2015)「研究開発プロセスのリーダーシップ──文献レビューと課題の提示」『日本労働研究雑誌』660。

尾﨑俊哉 (2007)「ビジネスのグローバル化、ダイバーシティ・マネジメントとリーダーシップ」日向野幹也、アラン・バード編『入門ビジネス・リーダーシップ』日本評論社。

NHK (1990)『日米の衝突──ドキュメント構造協議』日本放送出版協会。

谷口真美(2008)「組織におけるダイバシティ・マネジメント」『日本労働研究雑誌』574。

内閣府 (2011)『平成 23 年版男女共同参画白書』コラム 8。

───── (2012)『日本経済 2012〜2013──厳しい調整の中で活路を求める日本企業』。

中本ミヨ (1996)『されど忘れえぬ日々』かのう書房。

野中郁次郎・竹内弘高 (1996)『知識創造企業』東洋経済新報社。

長谷川珠子 (2013)「雇用差別禁止法に対する法的アプローチの変遷と課題」『経済産業研究所ディスカッションペーパー』13-J-027。

藤本隆宏 (2003)『能力構築競争──日本の自動車産業はなぜ強いのか』中公新書。

松井彰彦(2002)『慣習と規範の経済学──ゲーム理論からのメッセージ』東洋経済新報社。

松岡三郎 (1993)「日本労働判例におけるゼネラル・クローズの生成と展開」『法律論叢』66(3)。

山口一男 (2008)「男女の賃金格差解消への道筋──統計的差別の経済的不合理の理論的・実証的根拠」『日本労働経済研究』50。

山田耕造 (1992)「わが国における障害者雇用促進法の歴史」『香川法学』11(3-4)。

労働政策研究・研修機構 (2006)『第 4 回・日系グローバル企業の人材マネジメント調査結果』独立行政法人・労働政策研究・研修機構。

あ と が き

　最後まで目を通していただき、ありがとうございました。本書を、NPO
法人 J-WIN 理事長の内永ゆか子氏と、茨木キリスト教大学名誉教授の井上
詔三氏に捧げます。

　本書には、2つの直接的なルーツと、1つの間接的なルーツがあります。1
つは、筆者が2007年から経営学部で教えている、ダイバーシティ・マネジ
メントの授業で使った講義ノートです。すでにふれたように、この授業は、
このおふたりに多くのサポートをいただきながら実現しました。日本アイ・
ビー・エムではじめての女性役員となり、政府の男女共同参画会議のメンバ
ーを務め、企業における女性の活躍推進を支援する NPO 法人 J-WIN を立
ち上げられた内永ゆか子氏を、筆者が務める立教大学経営学部の客員教授と
して迎え、当時、学部で人事管理論を担当されておられた井上詔三先生
（現・茨木キリスト教大学名誉教授）にアドバイザーをお願いしてはじめたもので
す。

　国際経営を研究してきたものとして、筆者はダイバーシティ・マネジメン
トの専門家ではなく、多国籍企業論や異文化マネジメント論などの観点から
この問題に少しふれていた程度でした。しかし、これもまたふれたように、
筆者の勤める立教大学経営学部では、入学してくる学生たちの半数近くが女
性という、女性比率のきわめて高い経営学部です。その置かれた状況をふま
え、経営学とキャリア教育の双方の観点から、ダイバーシティ・マネジメン
トと正面から取り組む科目の必要性について、同僚の教員たちと議論を重ね、
授業を立ち上げることになりました。同授業は、その後も多くの第一線の企
業人を多数ゲストにお迎えし、具体的な事例を紹介していただき、学生たち
に考えさせ議論をさせることとセットで学ぶユニークな授業として、今日に
至っています。

　このなかで筆者自身、内永氏や井上先生、そしてゲストスピーカーの各位

から、多くを学びました。内永氏には、IBM のなかで、ご自身が卓越したキャリアを拓いてこられるまでのご苦労や、そのような苦労を乗り越えられるための汗と涙とアイデアを、それこそ表も裏も率直に教えていただきました。それだけでなく、その先にある、わが国の企業経営の問題や、社会の抱える課題についての強い思いにも触れることができました。そして何よりも、そのような大きな課題について、J-WIN という具体的な活動を立ち上げ、周囲を巻き込みながら立ち向かっていくパッションとリーダーシップに触発されてきました。

　井上先生には、人材管理論や労働経済学の優れた研究者として、筆者の間違いを正し、不足を補っていただきました。ダイバーシティ・マネジメントの門外漢で、ベッカーもラジアーも、ダイバーシティ・マネジメントとどうつながるかよくわかっていなかった筆者を、根気強く導いていただきました。

　そうするうちに、同一財としての労働者と多数財としての労働者の区別や、多数財としての人材の適材適所による静学的成長と多様な人材の触発をとおしたイノベーションによる動学的成長の区別などがなされぬまま、ひとくくりにしてダイバーシティ・マネジメントが論じられている状況は問題であると思うようになりました。また、それらを整理して学べる教科書の必要性を感じるようにもなりました。

　もう 1 つの直接的なルーツは、2012 年度、および 2013 年度に、ゲストスピーカーとしてこの授業に加わっていただいた企業人のみなさんが、2014 年度に勉強会を立ち上げられたことにあります。忙しい仕事の合間をぬって毎月 1 回、土曜日に立教大学に集まり、井上先生や筆者とともにたいへん熱心に勉強を続けてこられました。その成果は、4 本の論文と研究ノートにまとめ、『立教ビジネスレビュー』の 2015 年第 8 号に「ダイバーシティ・マネジメント特集」として発表することができました。

　本書の後半、5 章から 8 章までの内容は、そのとき同誌に掲載された、筆者の論文「ダイバーシティ・マネジメントの理論的考察」の内容をふまえたもので、その多くを転載するとともに、加筆や修正をおこなっています。この勉強会に集われたメンバーのみなさんや井上先生には、該当の章をまとめ

る際の議論の相手になっていただくなど、感謝に堪えません。メンバーは以下のみなさんです。相山陽子氏、一居美幸氏、今津知子氏、岡野康子氏、尾上泰江氏、笠間亜紀子氏、小嶋美代子氏、座間美都子氏、田中三喜子氏、田村尚子氏、二瓶ひろみ氏、浜口知実氏、福村由利氏、藤中麻里子氏、槙田あずみ氏、安井真紀氏、柳沢ますみ氏、山崎綾子氏、山田真夕子氏。

　これらの直接的なルーツに加え、本書には間接的なルーツがあります。それは、筆者が立教大学に移る前の20年間を過ごしたIBM時代です。同社は、ダイバーシティ・マネジメントの実践で、アメリカの多国籍企業のなかでも先進的な企業の1つとされています。そこに1985年から20年間勤務した経験のなかで、ダイバーシティ・マネジメントをめぐる企業の取り組みについて、実践的に触れることができました。

　まだ右も左もわからぬ筆者が、入社1年目の人事評価の面談で、直属の上司である松坂暲政氏に相談したときのことをいまでも覚えています。生意気にも、自分が配属された人事課の仕事にあまり興味をもてないこと、自分の能力をもっと活かせる部門に異動したいことを伝えると、不愉快な顔もされず、「この会社は、世界中で何十万人もの社員が仕事をしている、大きな会社です。きっとどこかに、君の能力をもっと活かせる仕事があるでしょう。しかし、それを探すには時間もかかるし、君がどういう能力をもっているか、よく理解する必要もあるから、今の仕事を一生懸命に続けながら、少し待っていなさい」と返答されました。

　何でもいってみるものだ、という思い以上に、会社にとっても社員にとっても、適材適所は重要なのだ、ということに気づかされたのが新鮮でした。同氏はつねに、一人ひとりの社員が、個人としても組織人としても充実し幸せであることで、会社も優れた業績を出すことができるという強い信念をもって職務にあたっておられました。ダイバーシティ・マネジメントの真髄の1つを、体現されていたと思っています。

　その面談からしばらくして、松坂氏の上司だったキャサリン・デヴライ（Catherin DeVrye）氏と、あるプロジェクトで直接に仕事をすることになりました。オーストラリアのIBMから来ておられたデヴライ氏は当時、IBMで

もまだ珍しかった女性管理職として活躍されておられました。ある日、来客が来られると、「トシヤ、お茶をお客さんにもってきて」といわれました。少し驚きながらお茶をもっていくと、お客さんのほうも少しびっくりされていらっしゃったようでした。あとからデヴライ氏に、「日本では、女性社員がお茶を準備するのが普通だそうですね」といわれ、もう一度、驚いたことを覚えています。

　デヴライ氏はその後、優秀だが社歴の浅い日本人女性社員を管理職に抜擢して、波紋を呼びました。そのとき同氏は「IBM も日本では古くて固いのね」と当惑顔でいわれ、松坂氏は、「他の日本人社員への影響を、もう少し考えてもらわないと」と困った顔をされました。異なる文化のなかで、多様な人材を活かすことの難しさの一端にふれたのを覚えています。振り返るに松坂氏とデヴライ氏には、筆者が社会人としてかけだしのころ、ダイバーシティ・マネジメントの意義を、身をもって教えていただきました。その後も折にふれて多くを学ばせていただく機会を得ましたし、経営学部の開設でも、相談にのっていただきました。あらためて、感謝の気持ちを捧げたいと思います。

　筆者に、留学や海外の IBM での仕事の道を広げてくださった恩人は、岩崎次郎氏、竹中誉氏、チャールズ・マケトリック（Charles E. McKittrick）氏です。そのおかげで、厳しい競争のなかで生き残りをかけてリストラをはじめた IBM のなかで、ダイバーシティ・マネジメントが重要な戦略の 1 つとなっていく過程に、当事者として入っていくことができました。IBM 本社では、執行役員をされておられたリチャード・レーマン（Richard O. Lehmann）氏が上司でした。新しく CEO として招かれたルイス・ガースナー（Louis V. Gerstner）氏のもとで IBM が急速に変わっていくなか、リストラの方向性や、そのなかでのダイバーシティ・マネジメントの役割を仕事を通して教えていただきました。またレーマン氏には、そのような厳しい経営状況のなかにあって、働きながら博士課程に進学したいと相談したところ、「それが会社にとっても役に立つというのであれば、サポートします」といって、本当にサポートをしていただきました。アジア太平洋本社に移り、そこの上司となっ

たケン・リチソン（Ken A. Richeson）氏も、延々と続く筆者の博士課程にあきれながらも、「学び続けなさい」などといいながら、サポートを続けて下さいました。

このころから IBM は本格的なグローバル・マトリクス組織に移行し、筆者も、国を超え、人種や性別、年齢をまたぎ、上下左右のポジションに属するさまざまな人たちと、仕事をするようになりました。こうしてダイバーシティ・マネジメントは、自分の仕事の一部になっていったのです。このように、人材の多様性を体現した組織のなかで楽しく仕事ができたのは、いま思い起こしても得難い経験だったと思いますし、一緒に仕事をした世界中の IBMer たちには感謝しています。

筆者が務める、立教大学経営学部と、その同僚についても、少しだけふれたいと思います。1874 年に聖公会の宣教師ウイリアムズ主教により創立された立教大学は、140 年あまりの歴史をもつ古い大学ですが、その経営学部は、経済学部の経営学科と社会学部の産業関係学科という 2 つの学科を母体として、2006 年に新しく設立されました。筆者は、2005 年に社会学部の教員として採用され、20 年間務めた日本アイ・ビー・エムから移ってきました。最初の 1 年間は、社会学部に所属しながら、経営学部開設準備室のメンバーとして、新しい学部をどのようなものとするか、ミッションや理念から、具体的なプログラムやカリキュラムまで、さまざまなことを構想するプロセスに参加して議論に加わりました。

これをふまえて開発したのが、リーダーシップ教育や、グローバル人材育成を、経営学教育と並ぶ柱として位置づけた、独自の学部教育プログラムです。旧来型の座学による勉強方法に加え、アクション・ラーニングを使ってグループでプロジェクトをまとめたり、英語による専門科目を学んだり、世界各国から留学生をたくさん受け入れて彼らと議論をしたり、自分も海外で学んできたりするなど、経営学部に入ってきた学生たちには、ユニークな勉強を複合的、体系的につみ重ねてもらっています。

開設準備室で、同僚の先生たちとこのような教育プログラムを構想する 1 年間は、楽しいものでした。そのすべての同僚の先生方には感謝の気持ちで

いっぱいですが、そのなかでも3名の先生方のお名前をここに記して、お礼を申し上げたいと思います。最初が、林侔史教授（現・国士舘大学経営学部教授）と、白石典義教授（現・立教大学統括副総長）です。このおふたりがいらっしゃらなければ、筆者が立教大学で仕事をすることはなかったと思います。それ以上に開設準備室で、おそらくは、それまでの立教大学の常識からかけ離れたことを提案しても、陰に陽にサポートをしていただきました。

　もうおひとりが、日向野幹也教授（現・早稲田大学・総合研究センター教授）です。筆者は日向野先生と「同期の桜」として、立教大学社会学部・経営学部開設準備室に所属することになりました。そこで日向野先生から大いに刺激を受け、触発され、サポートをいただき、今日に至るまでの経営学部の教育プログラムのいくつかを構想し、実現することができました。その過程で、本書の最後に出てくる、多様な人材が触発するなかで起こるイノベーションのプロセスを、ささやかなりともともに経験できたと痛感しています。企業人をゲストスピーカーとしてお招きして論点を学生に出してもらい、学生たちがグループに分かれてディスカッションをおこない、自分たちなりの考えをまとめるなかでダイバーシティ・マネジメントを学んでいくという授業の構想も、このような刺激的な場のなかでうまれました。そして、初代の経営学部長になられた白石先生からやってみなさいとサポートをしていただいて、実現することができました。

　本書の内容については、5章から8章までの議論のベースとなった論点について、茨木キリスト教大学の井上詔三教授に、また全体を通して東京海洋大学の遠藤伸明教授に、それぞれ目を通して、貴重なアドバイスをいただきました。厚くお礼を申し上げます。また、ナカニシヤ出版の酒井敏行氏には、出版までの一連の作業でたいへんお世話になりました。筆者の要領が悪く、編集作業が遅々として進まないなかを、辛抱強く支援していただき、脱稿に至ることができました。ほんとうにありがとうございます。

　紙面の制限もあって、ここに書き記すことのできなかった多くの方々の支援をただいてきました。お礼を申し上げます。このように各位に支えられながら、本書をまとめることができましたが、あらためて申すまでもなく、内

容の不備につきましては、著者の責任に帰するものです。本書が少しでも、
ダイバーシティ・マネジメントを企業の競争力と結びつけて考える際の理解
の一助となることを願って、筆をおくこととします。

尾 﨑 俊 哉

人名索引

事 項 索 引

尾﨑俊哉（おざき　としや）

1959 年生まれ。米ジョージ・ワシントン大学政治学研究科博士後期課程修了。Ph.D. 現在、立教大学経営学部教授。J-WIN 理事。国際経営・比較経営を担当。「ビジネスのグローバル化、ダイバーシティ・マネジメントとリーダーシップ」（日向野幹也編『入門ビジネス・リーダーシップ』、日本評論社、2007 年）、"Open Trade, Closed Industry" (Anthony D'Costa, ed., Globalization and Economic Nationalism in Asia, Oxford University Press, 2012)、ほか。

ダイバーシティ・マネジメント入門
経営戦略としての多様性

2017 年 4 月 1 日　初版第 1 刷発行　（定価はカヴァーに表示してあります）

著　者　尾﨑俊哉
発行者　中西健夫
発行所　株式会社ナカニシヤ出版
　　　　〒 606-8161 京都市左京区一乗寺木ノ本町 15 番地
　　　　TEL 075-723-0111
　　　　FAX 075-723-0095
　　　　http://www.nakanishiya.co.jp/

装幀＝白沢 正
印刷・製本＝創栄図書印刷
© T. Ozaki 2017
Printed in Japan.
＊乱丁・落丁本はお取り替え致します。
ISBN978-4-7795-1150-9　C0034

ベンチャー起業家社会の実現
―起業家教育とエコシステムの構築―

熊野正樹

若きベンチャー起業家が活躍できる社会の実現に向けたベンチャー起業家育成やビジネスプラン作成の指導方法を紹介。ベンチャー企業を育成するための諸機関の連携、エコシステムの重要性を提言する。　二〇〇〇円

クリエイティブ経済

国連貿易開発会議（UNCTAD）著、明石芳彦　他訳

グローバル化が世界を覆うなかで、各国・地域ごとに多様な展開が可能なビジョンとして注目されるクリエイティブ経済。人々の尊厳と両立する社会経済の発展をめざす決定版報告書のエッセンスを紹介。　三五〇〇円

制度的企業家

桑田耕太郎・松嶋登・高橋勅徳　編

「制度的企業家」とは何か。制度派組織論に基づいた経営学の原点回帰と新展開。新しい経営学理論の展開のために、その背景・理論的基盤・展開・方法論について論じ、制度と実践の学としての経営学を提唱。　六五〇〇円

日本経済の常識
―制度からみる経済の仕組み―

中原隆幸　編

日本経済の基本構造から、戦後経済の展開と近年の構造的変化、雇用、企業組織、金融、財政、社会保障の仕組みまで、日本経済の現状と課題を制度経済学の観点からやさしく解説する。制度からみる日本経済超入門。　三六〇〇円